Silvia Regelein

Für Mathematik

Die Autorin

Silvia Regelein war in Grund- und Hauptschulen tätig und langjährige Schulleiterin einer Grundschule in Nürnberg, außerdem Referentin zur Lehrerfortbildung. Sie ist Autorin zahlreicher Veröffentlichungen für den Grundschulunterricht insbesondere in den Fächern Mathematik und Deutsch.

Silvia Regelein

Für Mathematik

Cornelsen

Projektleitung: Amira Sarkiss/Maren Krüger, Berlin
Redaktion: Daniela Brunner, Korschenbroich
Umschlagkonzept: Jule Kienecker, Berlin
Umschlaggestaltung: LemmeDESIGN, Berlin
Technische Umsetzung: Jouve Germany GmbH & Co KG, München
Die Reihenkonzeption wurde von Cornelia Colditz und Claudia Kahlenberg im Rahmen eines studentischen
Wettbewerbs im Studiengang Verlagsherstellung an der HTWK Leipzig (www.verlagsherstellung.de) unter Leitung
von Julia Walch, Bad Soden, entwickelt.

www.cornelsen.de

1. Auflage 2017

Druck: AZ Druck- und Datentechnik, Kempten

ISBN 978-3-589-154272

PEFC zertifiziert
Dieses Produkt stammt aus nachhaltig
bewirtschafteten Wäldern und kontrollierten
Quellen.

www.pefc.de

PEFC/04-31-2260

Inhaltsverzeichnis

Das Schuljahr vorbereiten

Die ersten Schulwochen

Verständnis durch Klarheit

GRUNDWISSEN SICHERN

MOTIVIEREN UND AKTIVIEREN

Leistungsmessung

Als ich in den 1970er-Jahren anfing zu unterrichten, war der Lehrplan etwas dünner als jetzt – aber nicht im DIN-A4-Format, sondern im Hosentaschenformat DIN A6. Und er galt für gesamte Volksschule bis Klasse 9. Sie ahnen es: Hier war nur wenig Platz für Mathematik Klasse 1 bis 4. Die Vorgaben waren trotzdem klar: „Meine" 52 Kinder der 2. Klasse sollten alle wenigstens eine solide *Rechenfertigkeit* bei etwa den gleichen Lerninhalten wie heute (abgesehen von „Daten, Zufall, Wahrscheinlichkeit") gewinnen. Im Blick auf denkendes Rechnen, auf *Rechenfähigkeit* sollten die Kinder mit weiterreichenden Fähigkeiten auch lernen, Rechenwege zu beschreiben und zu begründen. Differenzierung hat also schon eine lange Tradition. Ein damaliges Steckenpferd der Fachdidaktik kostete uns damals allerdings den letzten Nerv: die Mengenlehre. Gut, wer sie nicht ganz so verbissen betrieben hat – sie wurde bald wieder abgeschafft.

Wenn Sie Ihren Lehrplan heute lesen, verzweifeln Sie vermutlich: „Oje, wie soll ich das alles schaffen?" Damit sind Sie nicht alleine. Von vielen Kolleginnen höre ich: Die vielfältigen Kompetenzerwartungen können allenfalls die wenigen „Klassenbesten" erfüllen. Und das, obwohl die Lehrpläne weniger das „Was weißt du?" anvisieren, sondern das „Was kannst du?" – auf einem angeblich mittleren (!) Kompetenzniveau.

Josef Kraus, der Vorsitzende des Deutschen Lehrerverbands, nennt die „Kompetenzenpädagogik" das „Trojanische Pferd" der heutigen Schulpolitik. Es stört ihn auch, dass die Kompetenzenpädagogik noch keinerlei Bilanz vorgelegt hat, obwohl es die Bildungsstandards seit 2003/2004 für die Grundschule gibt. Aus der Sicht weiterführender Schulen stellt er fest: Die Fertigkeiten und Kenntnisse der Grundschüler haben sich seit Dezember 2004 trotz der von der KMK angestoßenen Kompetenzorientierung keineswegs verbessert – eher sei das Gegenteil der Fall (vgl. www.lehrerverband.de/aktuell_kompetenzen.html).

In der Wiener Lehrerausbildung wird seit 2015 auch die Kompetenzorientierungskompetenz vermittelt. Das nützt Ihnen natürlich wenig. Doch hilfreich können für Sie im Kompetenzwirrwarr sein: die Rückmeldung durch Kinder und Eltern, das Kollegium, das Mathebuch, Ihre Aus- und Fortbildung, Ihr gesunder Menschenverstand und vielleicht auch ein wenig dieses Buch. Hier finden Sie manches, was nicht im Lehrplan steht, aber trotzdem zum „Überleben" und für ökonomisches classroom management wichtig ist. So will Ihnen dieser Band helfen, Ihre Arbeit professionell und effizient zu erledigen und Ihre Klasse für Mathematik zu begeistern. Ich wünsche Ihnen anregende Minuten beim Reinspitzen, Überfliegen, Nachschlagen, Durchlesen, Vor- und Zurückblättern und vor allem Freude beim erfolgreichen Erproben des einen oder anderen Tipps in Ihrer Klasse.

Silvia Regelein

P. S. Vermutlich sind meine Leserinnen vorwiegend weiblich. Deshalb verwende ich meist diese Form. Der Begriff *„Schülerinnen und Schüler"* erinnert mich stark an „Notenträger". Für mich sind es in ganzheitlicher Sicht *Kinder*.

10 TOP-TIPPS... LIEBLINGSTIPPS DER AUTORIN!

Das an der Schule eingeführte – vom zuständigen Kultusministerium genehmigte – Mathebuch (Tipp 11) ist eine schnelle erste Hilfe. Mit dem Inhaltsverzeichnis können Sie einen **Stoffverteilungsplan erstellen** und die Lerninhalte planen. Viele Verlage bieten ausführliche Wochenpläne im Lehrerhandbuch an oder als Download Dies erspart Ihnen viel Arbeit.

❯ Tipp 11

Zur zeitlichen Planung: Die offiziellen 40 Wochen eines Schuljahrs schrumpfen in der Praxis durch Unterrichtsausfälle, besondere Events und Feiertage auf etwa 35 Wochen. Spätestens in der 35. Schulwoche sollten Sie deshalb die wesentlichen Lerninhalte abgeschlossen haben.

Wenn Sie noch keine Wochenpläne zu Ihrem Buch haben, planen Sie zunächst nur die ersten 3 bis 4 Wochen zum Wiederholen von Lerninhalten des vorherigen Schuljahrs. Unterscheiden Sie zwischen Grundwissen (Tipp 33, 42) und erweiterten Anforderungen (Zusatzaufgaben Tipp 7). Berücksichtigen Sie zuerst das Grundwissen und markieren Sie es im Wochenplan. Wenn Sie später in der Praxis für einen Inhalt länger brauchen, müssen Sie an anderer Stelle kürzen. Denn in den folgenden Klassen ist kaum Zeit für das Nachholen von Lernrückständen.

Schwerpunkt auf Grundwissen legen

❯ Tipp 33, 42
❯ Tipp 7

Bedenken Sie ferner: Nicht nur das Einführen fachlicher Inhalte braucht Zeit, sondern auch das Erlernen neuer Arbeitsweisen und Sozialformen.

Planen Sie im ersten Schulhalbjahr mindestens ein Thema zur Geometrie (Tipp 81 ff.) und einige Themen zum Sachrechnen (Tipp 94 ff.) ein, damit Sie im Zwischenzeugnis (Tipp 98) dazu Aussagen machen oder benoten können.

❯ Tipp 81
❯ Tipp 94
❯ Tipp 98

Bei jahrgangsgemischten Klassen arbeiten alle Kinder am gleichen Thema, aber auf unterschiedlichem Niveau. Im Lehrerhandbuch finden sich entsprechende Hinweise. Bei den neuen Mathematikwerken sind jeweils Band 1 und 2 sowie Band 3 und 4 parallel aufgebaut.

Achtung!

❯ Tipp 91

Wichtig für Ihre Planung 3./4. Schuljahr: Sprechen Sie sich mit den Kolleginnen an Ihrer Schule ab und behandeln Sie die Gewichte (Tipp 91) zu unterschiedlichen Zeiten, damit jede Klasse die (meist zu wenigen) vorhandenen Waagen der Schule alleine nutzen kann.

2 DIDAKTISCHES MATERIAL SICHTEN

Für den Aufbau von Verständnis ist das Handeln mit didaktischem Material unabdingbar. Machen Sie eine Checkliste, welches Material Sie für die Arbeit mit Ihrem Mathebuch ❯ Tipp 11 (Tipp 11) brauchen, z. B.:

Material	In großem Format	In kleinem Format	
Hundertertafel	zur Demonstration für die Lehrerin	wenigstens 1 Exemplar für Lerntheke ...	für jedes Kind
Rechengeld	...	...	...
...	...	...	...

Besprechen Sie mit den Kolleginnen, wie die fehlenden Materialien am besten zu beschaffen sind. Beginnen Sie ab sofort mit dem Sammeln nützlicher Dinge wie

Material langfristig sammeln

- größere Duplo-Legosteine,
- Streichholzschachteln (mit Quadern bauen),
- Kronkorken, Bohnenkerne ... (zum Bündeln),
- kleine Steine (zum Legen eines Hunderterfelds),
- Zahnstocher, Schaschlikstäbe, getrocknete Erbsen (zum

❯ Tipp 81 Bauen von Kantenmodellen, Tipp 81).

Gleich mal ausprobieren

Legen Sie in der 1. Klasse für jedes Kind eine Mathebox mit wichtigem Material an: Wendeplättchen, Muggelsteine, Zahlenfeld (bis 10, bis 20), Zahlenband bis 20. Diese Mathebox kann das Kind sowohl in der Schule als auch zu Hause verwenden.

Achtung!

Wenn Sie den Zehnerübergang ($5 + 7 = 5 + 5 + 2$) mit Eierkartons handelnd darstellen lassen wollen, sollten Sie die unhygienischen Kartons (Salmonellenrisiko) sicherheitshalber mit Spray desinfizieren. Oder Sie verwenden Eierbehälter aus Plastik.

DAS KLASSENZIMMER VORBEREITEN

3

Da Sie im Klassenzimmer auch für die anderen Fächer Platz brauchen, ist der Platz für Mathe beschränkt. Doch das ist nötig:

- Etwa ein Drittel der **Pinnwand** sollte für Mathe reserviert werden. Rahmen Sie ihn mit einem Klebeband in der Mathefarbe (z. B. blau) ein (Farben Tipp 30).

> Tipp 30

- Ein mit einem (blauen) Tuch bedeckter **Mathetisch** steht bereit zum Ausstellen von zum aktuellen Lerninhalt passenden Gegenständen (z. B. geometrische Körper), Freiarbeitsmaterial, Spielen (Tipp 50, 61), gelungenen Schülerarbeiten ...

> Tipp 50, 61

- Mindestens ein leerer Tisch sollte bereitstehen, an dem sich Kinder zur Partnerarbeit zusammentun können.
- Im Regal wird der Platz für die Mathehefte (Tipp 10) mit einem (blauen) Punkt markiert.

> Tipp 10

- Häufig verwendetes Material (Tipp 2) muss griffbereit sein, vielleicht in (Schuh-)Kartons mit blauem Punkt. Trennen Sie Ihr Material von dem der Kinder.

> Tipp 2
> Material griffbereit zur Verfügung stellen

- Sammeln Sie im Laufe der Zeit relevantes Material in beschrifteten (blauen) Themenkisten, z. B. bis 100, Einmaleins, Geometrie, Zeit, Längen ...

- Beschriften Sie (blaue) stapelbare Ablagekörbe, den „Kinderturm" (z. B.: Hausaufgaben (Tipp 12) – Zusatzaufgaben (Tipp 7) – Lösungsblätter) und den „Lehrerturm" (z. B.: für Vertretung – bereits korrigiert – noch zu korrigieren …).
- Das brauchen Sie immer wieder: Ersatzstifte für die Kinder, Muggelsteine, Magnete, Klebeband, für jedes Kind 3 Spielwürfel, farbige Wäscheklammern (Tipp 62).

❯Tipp 12
❯Tipp 7

❯Tipp 62

Bei der **Sitzordnung** ist zu bedenken:
- Um Material zu holen, müssen die Kinder oft ihren Platz verlassen. Deshalb dürfen sie nicht eingeklemmt sitzen und die Schultaschen dürfen keine Stolperfallen sein.
- Bei der Rechts-Links-Unterscheidung müssen alle Kinder die gleiche Ausrichtung haben. In kurzen Phasen können sie aufstehen und frontal zur Tafel blicken. Wenn Sie etwas demonstrieren (z. B. Falte die rechte Ecke oben …), stellen Sie sich mit dem Rücken zur Klasse, sodass Ihre rechte Hand auch für die Kinder rechts ist.
- Wenn Sie einer Gruppe etwas erklären, ist die **Kinositzordnung** im (doppelten) Halbkreis vor der Tafel günstig. Hier sollte also genug Platz dafür sein.
- Ist im Klassenzimmer Platz für einen Sitzkreis? Falls nicht, nehmen die Kinder ihren Stuhl oder ihre Teppichfliese und gehen in den Flur.
- Sitzen ein Links- und ein Rechtshänder nebeneinander, muss der **Linkshänder an der linken Tischseite** und der Rechtshänder an der rechten sitzen. So stören sich ihre Schreibarme nicht.

Rechts-links-Unterscheidung bei Demonstration beachten

4 EINE STUNDE BEGINNEN UND BEENDEN

❯Tipp 11

Beginnen Sie eine Stunde nur mit dem Schulbuch (Tipp 11) oder einem Arbeitsblatt, wenn Sie sich nicht gut fühlen. Stattdessen:
- Wenn ein neuer Lerninhalt ansteht, beginnen Sie damit, sodass die Kinder ihn ohne Hetze erkunden können.

- Hausaufgaben (Tipp 12) überprüfen
- Kopfrechnen (Tipp 43, 45)
- Nicht nur die „kleinen" Kinder lieben einen Einstieg mit Musik (Tipp 61). Geben Sie dazu „Lieder Mathematik Grundschule" in eine Suchmaschine im Internet ein. Hier finden Sie Angebote von modernen Liedermachern.

Tipp 12
Tipp 43, 45
Tipp 61

Gleich mal ausprobieren

Tipp für die erste Stunde im neuen Schuljahr (oder auch später): Warum lernen wir in der Schule überhaupt Mathe? Lassen Sie die Kinder nach dem Ich-Du-Wir-Prinzip (Tipp 51) arbeiten. Dabei erhalten Sie einen ersten Eindruck: Wie sprechen die Kinder miteinander? Mit welchen Arbeits- und Sozialformen sind die Kinder vertraut? Die lapidare Antwort eines Kindes „Weil wir Mathe halt können müssen." fordert alle dazu auf, Beispiele zu suchen und in einer Mindmap zu ordnen.

Tipp 51

Jede Stunde in Ruhe ausklingen lassen

Ganz wichtig: Kleben Sie keine wichtige Erklärung von Neuem (Tipp 25) ans Stundenende. Da hört keiner mehr zu. Für hastig gestellte Hausaufgaben (Tipp 12) gilt das Gleiche.

Tipp 25
Tipp 12

Planen Sie die Mathestunde nicht zu eng: So weit will ich unbedingt kommen (Mindestpensum) – Das kann (muss aber nicht) noch folgen (Zusatzaufgabe). So können Sie ohne Hektik unterrichten und die Stunde flexibel beenden.

Wenn nach dem Aufräumen des Arbeitsplatzes noch Zeit ist, nutzen Sie einen dieser Zeitpuffer:

Zeitpuffer einplanen

- Geben Sie einen kurzen Ausblick auf folgende Stunden.
- Blitzlicht: Reihum sagt jedes Kind, was ihm heute in Mathe gefallen hat.
- Feedback (Tipp 55) Lehrerlob: Obwohl wir uns es immer wieder vornehmen – wir loben viel zu selten. Sprechen Sie für jedes Kind ein kurzes, ehrliches Lob aus – gleichgültig wofür, z. B.: Ich habe gesehen / bemerkt / beobachtet …: X hat aufmerksam zugehört. X hat sein Material schnell und sorgfältig aufgeräumt. X hat seinem Nachbarn geholfen. X konnte gut zusammenfassen, was wir gelernt haben.

Tipp 55

X hat sich heute oft gemeldet. X hatte heute eine schöne Mathe-Hausaufgabe ...

- Regen Sie ein kurzes Spiel an, das sich jederzeit abbrechen lässt.

❯ Tipp 43 - Lassen Sie die Kinder Kopfrechnen (Tipp 43).
- Singen Sie ein Lied – Musik kommt meist viel zu kurz!
- Auch das Erzählen wird oft vernachlässigt. Erzählen Sie in der 4. Klasse ab und zu über einen berühmten Mathematiker (z. B. Carl F. Gauß: Addition bis 100, Adam Riese: erstes deutsches Rechenbuch, Kopernikus: Erde Kugel, Emmy Noether: erste deutsche Mathematikprofessorin ...). Sie werden staunen, wie gespannt die Kinder lauschen.

Wenn anschließend Pause ist: Lassen Sie die Kinder im Zimmer essen und trinken. So nehmen sich diese auch Zeit dafür und die Abfälle auf dem Pausenhof reduzieren sich erheblich. Was Sie letztendlich auch tun: Jedes Kind soll mit einer positiven Grundstimmung aus der Mathestunde gehen.

Positive Grundstimmung vermitteln

5 DEN LERNSTAND ERMITTELN

Wenn Sie eine Klasse neu übernehmen, ist es für Ihre weitere Planung wichtig zu wissen: Auf welchem Grundwissen ❯ Tipp 24, 33, 42 (Tipp 24, 33, 42) aus der Arithmetik, der Geometrie und dem Sachrechnen kann ich aufbauen? In vielen Lehrerhandbüchern finden sich praxiserprobte Vorschläge für eine Lernausgangsdiagnose. Üben Sie dabei zugleich die Rituale ein, auf die Sie bei späteren Klassenarbeiten ❯ Tipp 97 (Tipp 97) Wert legen.

Tipps zur Durchführung

- Eine günstige Zeit ist die zweite Stunde dienstags bis freitags. Am Montag sind die Kinder vom Wochenende oft überdreht. Und gleich früh um acht Uhr sind viele Kinder noch nicht fit genug.

Vor der Arbeit

- Die Kinder laufen einmal außen um den Schulhof herum. Körperliche Bewegung fördert geistige Beweglichkeit! – Die Kinder trinken und gehen zur Toilette. – Sie räumen ihren Tisch auf: Nur das benötigte Material liegt darauf.
- Weisen Sie auf Zusatzaufgaben (Tipp 7) hin für die Kinder, die schnell fertig sind.

❯ Tipp 7

- Es gelten folgende Regeln: Leise sein. Jeder arbeitet für sich. Jeder schreibt gut lesbar und sorgfältig. Mit einer „leichten" Aufgabe beginnen.
- Lesen Sie alle schriftlichen Anweisungen vor, während die Kinder auf ihrem Blatt mitzeigen.

Schriftliche Anweisungen vorlesen

Während der Arbeit

- Bei Bedarf kann jeder trinken.
- Manches Kind braucht persönliche Zuwendung: Gehen Sie hin, legen Sie ihm vielleicht die Hand auf die Schulter und ermuntern Sie es leise zur Weiterarbeit oder zum sorgfältigen Arbeiten. Weitere Hilfen zum Lösen dürfen Sie allerdings nicht geben.

Nach der Arbeit

- Ein Kind bringt Ihnen sein Blatt. Prüfen Sie: Stehen Name und Datum darauf? Hat das Kind alle Aufgaben gelöst? Wenn nicht, kann es noch weiterarbeiten. Bei vollständigen Lösungen vermerken Sie die ungefähre Arbeitszeit.
- Nach Ablauf einer festen Zeit müssen alle Kinder ihr Blatt abgeben. Zählen Sie nach, ob alle Kinder dies getan haben. Bei der Korrektur können Sie das Arbeitstempo mit einem Symbol vermerken, z. B. + schnell, 0 angemessen, – sehr langsam.
- Nach der Korrektur (Tipp 10) nehmen die Kinder das Blatt zur Information der Eltern für einen Tag mit nach Hause. Die Unterschrift der Eltern dient als Nachweis der Kenntnisnahme. Danach heften die Kinder die Blätter in einem eigenen Schnellhefter für Tests ab, der als Dokumentationsnachweis in der Schule verbleibt (Leistungsmessung Tipp 97).

❯ Tipp 10

❯ Tipp 97

Achtung!

Fragen Sie den Lernstand der Kinder regelmäßig ab. Dazu brauchen Sie nicht immer ausgeklügelte Testblätter. Schreiben Sie zwischendurch einfach zwei Aufgaben (eine für Gruppe A, eine für Gruppe B als Abschreibsperre) an die Tafel. Die Kinder schreiben sie ab, lösen sie und erklären schriftlich ihren Rechenweg.

6 BEOBACHTUNGSBOGEN ANLEGEN

In einem Beobachtungsbogen halten Sie Ihre Einschätzung vor allem der mündlichen Leistungen fest. Beispiel:

Beobachtungsbogen Mathe
Klasse: Schuljahr: 1./2. Halbjahr   Monat:

Name	Repro- duzieren	Zusam- men- hänge herstellen	Argu- men- tieren	Problem- lösen	Eigene Ideen	Arbeits- verhal- ten	Sozial- verhal- ten
A	+	+	+	o			
B	o						
...							

Im Internet und in den Lehrerhandbüchern finden Sie weitere Vorschläge für solche Bögen. Die Kriterien helfen Ihnen, beim Dokumentieren Wesentliches zu erfassen und im Laufe der Zeit tragfähige Grundlagen für Elterngespräche (Tipp 13) und für das Zeugnis (Tipp 98) zu erhalten. Ein Bogen mit noch mehr Kriterien ist nicht praktikabel.

❯ Tipp 13
❯ Tipp 98

Gleich mal ausprobieren

Selbst dieser minimale Vorsatz ist im Alltag schon schwer genug zu realisieren: An jedem Tag beobachte ich ein bis zwei Kinder gezielt und fülle den Bogen während des Unterrichts oder im Anschluss daran aus. Manche Auffälligkeiten werden vom Raster jedoch nicht erfasst. Verfahren Sie deshalb zweigleisig und schreiben Sie fortlaufend auch Gelegenheitsbeobachtungen in einem Tagebuch mit Datum auf.

ZUSATZAUFGABEN FESTLEGEN 7

Klären Sie vorneweg den Sinn von Zusatzaufgaben in Analogie zum Sport: Je mehr ich trainiere, umso besser und schneller kann ich Rad fahren, Fußball spielen ...
Verlangen Sie nie, dass jedes Kind alle Aufgaben schafft. Legen Sie bei jeder Arbeit – auch bei Hausaufgaben (Tipp 12) – ein Mindestpensum fest. Für schnelle Köpfe gibt es eine Zusatzaufgabe. Bevor ein Kind seine Arbeit mit dem Mindestpensum abgibt, soll es überprüfen:

❯ Tipp 12

- Stehen Name und Datum auf dem Blatt?
- Bei der Arbeit im Heft (Tipp 10): Datum? Buch S. X, Nr. X?   ❯ Tipp 10
- Habe ich alle Aufgaben gelöst?
- Sind meine Lösungen richtig?

Legen Sie zur Selbstkontrolle etwa fünf Lösungsblätter in einer Klarsichthülle bereit. Wer fertig ist, holt sich ein Lösungsblatt und legt es nach dem Überprüfen wieder zurück.

Selbstkontrolle ermöglichen

Qualitative Differenzierung

Die Schulbücher bieten Aufgaben auf unterschiedlichen Niveaustufen (Leistungsmessung Tipp 97) und damit eine qualitative Differenzierung an. Nutzen Sie diese. Darüber hinaus gibt es für Kinder mit Förderbedarf (Tipp 58) zahlreiche Fördermaterialien. Im Gegensatz zum Schulbuch und Arbeitsheft zeichnen sich diese durch vermehrte Anschau-

❯ Tipp 97

❯ Tipp 58

lichkeit, kleinschrittiges Lernen und wenige verschiedenartige Aufgabenformate aus (Zifferschreibkurs Tipp 14).
Fordermaterialien dagegen bieten z.B. mit Entdeckerkarten, Knobelaufgaben ... eine Differenzierung „nach oben" an.

❯ Tipp 14

8 RITUALE EINFÜHREN

Schaffen Sie von Beginn an lernförderliche Strukturen und Rituale. Sie erleichtern den Schulalltag.
Mit Piktogrammen auf Bildkarten oder Gesten können Sie das Reden reduzieren, z.B.: Finger auf den Mund → jeder muss leise sein. Die Lehrerin will etwas sagen.

- Halten Sie im Tagesplan an der Tafel einen kurzen Überblick über die anstehende Mathestunde fest. Dann brauchen Sie nur darauf zu deuten, um den Kindern zu signalisieren, was zu tun ist.
- Beim Wechsel von Arbeitsphasen kann ein kurzes Musikstück die Zeitdauer anzeigen. Während ein Kind noch schnell eine Zahl notiert, kann das nächste leise Material wegräumen. Und wer fertig ist, lauscht. Mit Musik schaffen Sie eine ruhige Unterrichtsatmosphäre ohne Hektik. Zudem: Musik ist in Töne verwandelte Mathematik.
- Bei einer nötigen kurzen Unterbrechung, um einen Auftrag zu ergänzen oder an Verhaltensregeln zu erinnern, können Sie z.B. einmal in die Hände klatschen. Eine schrille Triangel kann das selten eingesetzte Notsignal für Ruhe bei Chaos sein.

Musiktipps:
a) Klassische oder b) Meditative Musik, die eine ruhige Klarheit ausstrahlen, z.B.:
a) A. Vivaldi: Die vier Jahreszeiten, Konzert Nr. 3, Herbst, Adagio; J. S. Bach: Ouvertüre D-dur, Satz 2 – Air; T. Albinoni: Adagio g-moll
b) Karunesh: Sounds of the Heart, Relax – Clouds and Wings; Arnd Stein: Musik zum Entspannen und Träumen, Frühlingsmorgen, Sonnenlicht

Gleich mal ausprobieren

Immer wieder braucht ein Kind Hilfe. Bevor es Ihre Hilfe erbittet, sollte es immer zuerst das neben ihm sitzende Nachbarkind fragen. Sie können auch ein breites, rotes Erste-Hilfe-Band aufhängen. Daran befestigen Hilfesuchende eine Wäscheklammer mit ihrem Namen. Sie oder ein Helferkind entfernen jeweils die oberste Klammer und unterstützen das betreffende Kind.

ARBEITSPLATZ AUFRÄUMEN

9

Ein ordentlicher Arbeitsplatz trägt zur Konzentration bei. Es liegt nur das Material auf dem Tisch, das gebraucht wird. Benötigte Dinge können Sie vor Arbeitsbeginn stumm hochhalten oder entsprechende Bildkarten an die Tafel hängen. Wenn die Kinder mit didaktischem Material legen: Das Material hebt sich auf einem umgedrehten DIN-A4-Heft gut ab, sodass Sie das richtige Legen schnell überprüfen können. Einzelarbeit: Das in die Mitte gelegte, zusammengeklappte Mäppchen bewirkt von selbst, dass die Kinder auseinanderrücken.

HEFTE VERWENDEN

10

Mit dem Rohstoff Papier verantwortungsvoll umzugehen, ist ein konkreter Beitrag zur Umweltbildung. Deshalb: Die Kinder schreiben zuerst im Heft vom alten Schuljahr bis zur letzten Seite weiter. Der Rechenblock wird fortlaufend und doppelseitig beschrieben.

Große DIN-A4-Hefte oder kleine DIN-A5-Hefte?

Bei großen Heften bleibt viel Platz ungenutzt. Die Kinder können sich auf einer kleinen Seite leichter orientieren Für Geometrie (Tipp 84) eignet sich zum Zeichnen ein großes Heft ohne Rand.

❯ Tipp 84

Gleich mal ausprobieren

Kinder im 1. Schuljahr schreiben die Ziffern oft sehr groß. Für sie eignen sich deshalb Hefte mit Kästchen 6 · 10 mm.

Achtung!

Auch wenn Sie auf Papierersparnis achten sollten, ist das Verwenden von mehrmals zu beschreibenden Folien keine gute Lösung. Denn:

- Die Kinder wischen oft schnell mit dem Finger (statt mit einem Lappen). Das ist unhygienisch.
- Die Folien gehen durch viele Kinderhände, die auf der Folie Spuren hinterlassen. Diese Stellen sind dann oft nicht mehr beschreibbar.
- Plastik ist nicht nur teurer, sondern belastet die Umwelt in hohem Maß.

Wie viele Hefte?

> Tipp 12

Für arithmetische Schulübungen und Hausaufgaben (Tipp 12) empfiehlt sich eine doppelte Heftführung. Während Sie Heft 1 zur Korrektur haben, schreiben die Kinder in Heft 2 bzw. umgekehrt. So sind Sie mit der Korrektur nicht unter unnötigem Druck.

> Tipp 94
> Tipp 33

Zusätzlich können Sie ein Themenheft zum Sachrechnen (Tipp 94) anlegen und ein Merkheft mit Grundwissen (Das weiß ich) (Tipp 33), in das die Kinder Zahlen- und Aufgabenbeispiele, Regeln, Gesetzmäßigkeiten und erlernte Fachbegriffe eintragen. Sprechen Sie im Kollegium ab, dass solche Themenhefte über die ganze Grundschulzeit reichen. So können Kinder, Eltern und nachfolgende Lehrerinnen den Lernfortschritt gut überblicken. Während die Kinder aktuelle Arbeitsblätter aller Fächer in einer Transportmappe aufbewahren, heften sie korrigierte Blätter in einem Matheschnellhefter ab. Er bleibt in der Schule und dient ggf. als Nachweis bei Beschwerden über Noten. (Das wurde im Unterricht so nicht behandelt ...)

Matheschnellhefter für korrigierte Blätter

Zum schnellen Unterscheiden der Hefte wird jedem Fach eine Farbe (Tipp 30) zugeteilt, z. B. Hell- und Dunkelblau für

> Tipp 30

die Mathe-Hefte und -Mappe. Die Themenhefte erhalten einen durchsichtigen blauen Umschlag, sodass die Kinder ein individuell gestaltetes Titelblatt hinterlegen können: Geometrische Formen und Muster, Lösungsschema für Sachaufgaben ...

Das Heft gestalten
Vermitteln Sie den Kindern: Ein Hefteintrag zeigt, wie ich Schritt für Schritt lerne.
Klare Vorgaben tragen zum Gelingen der Hefteinträge bei.
Ein aushängendes Plakat und ein gemeinsamer Hefteintrag helfen, die Vorgaben zu verinnerlichen:

(Buch Seite Nummer)　　　　　　　　　　　　　　　　　　　　　　　　(Datum)
(b) Im neuen Schuljahr (→ mit Lineal und Farbstift unterstreichen)
(a) Ich lasse ringsum einen Rand frei. (→ anschließend farbig ausmalen)
Jede Ziffer braucht ein eigenes Kästchen.
Zwischen den Aufgaben lasse ich Platz.

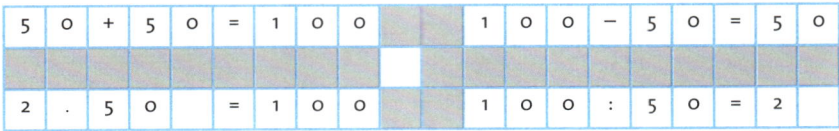

(c) Mein Heft hat ... Seiten. (→ Seiten durchnummerieren)
(d) In einer Zeile sind ... Kästchen. (→ von links nach rechts zählen)
In einer Spalte sind ... Kästchen. (→ von oben nach unten zählen)
(e) Ich schreibe jede Seite voll.
(b) Nach dem Eintrag ziehe ich einen Strich.

Erläuterungen:
- Die Kinder schreiben nach Wahl mit Füller oder Bleistift. Das Spitzen der Blei- und Farbstifte gehört zur täglichen Hausaufgabe (Tipp 12).

❯ Tipp 12

- a) Vor dem Schreiben malen die Kinder auf dieser Seite ringsherum eine Kästchenreihe farbig an als Signal, durchgehend einen Rand frei zu lassen. Dabei zählen nur „ganze" Kästchen. Nach Belieben können sie auf weiteren Seiten Muster in den Rand zeichnen.

b) Nach der Kopfzeile mit Datum folgt die farbig unterstrichene Überschrift. Wenn bei Übungsaufgaben im Buch keine Überschrift vorgegeben ist, denken sich die Kinder selbst eine Überschrift aus. Dabei machen sie sich bewusst: Worum geht es hier? Das Unterstreichen (nicht mit Füller, kleckst) soll nicht nur Wichtiges hervorheben, sondern dient wie der Schlussstrich zugleich dem häufigen Zeichnen mit dem Lineal.

c) Die nummerierten Heftseiten erleichtern die Kommunikation: Auf S. X fehlt noch etwas. S. X ist gut gelungen.

❯ Tipp 84
❯ Tipp 94
d) Beim Zeichnen von Formen (Tipp 84) und Skizzen (Sachrechnen Tipp 94) ist oft das Abzählen von Kästchen eine Hilfe, auf die die Kinder hier hingewiesen werden.

Sollen die Kinder ein Arbeitsblatt in ein Heft kleben, wird es nach dem Kopieren an zwei Seiten etwas kleiner geschnitten, damit es im Heft nicht übersteht. Machen Sie das Einkleben vor und erinnern Sie immer wieder daran: Es ist nicht nötig, das ganze Blatt mit Leim einzustreichen. Es genügen wie beim Würfel fünf Tupfer: In den Ecken nicht zu knapp am Rand und in der Mitte.

Vorbildlich arbeiten

Sicher wissen Sie: Ihre Tafelanschrift sollte immer der gewünschten Form im Heft entsprechen.

Nach dem Einsammeln zählt der Heftedienst nach, ob alle Hefte abgegeben wurden.

Gleich mal ausprobieren

Ein Ansporn zu einem sorgfältigen Hefteintrag ist die „Arbeit des Tages/der Woche": Stellen Sie dazu ein gelungenes (Es muss nicht das „schönste" sein!) Arbeitsblatt oder eine Heftseite in einen Bilderrahmen oder vor farbiges Tonpapier. Markieren Sie jedes erfolgreiche Kind in der Schülerliste und achten Sie auf gerechte Abwechslung.

Hefte korrigieren

Eine erste „Korrektur" seiner Aufgaben sollte jedes Kind selbst vornehmen: Es sollte nämlich jede Aufgabe „nachrechnen".

Stimmt das auch? (Tipp 56) In der Praxis macht das kaum ein Kind, weil es einfach froh ist, wenn es endlich fertig ist.

▶ Tipp 56

Gleich mal ausprobieren

Sprechen Sie mit den Kindern über den Sinn des Nachrechnens und kündigen Sie ein spannendes Experiment an: Eine (freiwillige) Hälfte der Klasse rechnet seine Aufgaben nach und setzt hinter jede überprüfte Aufgabe einen kleinen Punkt. Die andere Hälfte rechnet nicht nach. Welche Gruppe hat im Laufe einer Woche weniger Gesamtfehler (Tipp 56)?

▶ Tipp 56

Selbsteinschätzung lernen

Um nach und nach die eigene Leistung realistisch einschätzen zu lernen, zeichnet das Kind unter jede Arbeit einen passenden Smiley oder einfach einen farbigen Punkt:
- Grün für: Das fiel mir leicht.
- Gelb für: Ich schaffte es, musste mich aber anstrengen.
- Rot für: Das war schwer für mich.

Es ist für Sie mühsam, immer wieder ziemlich unwirksame Sätze wie „Schreibe bitte leserlich." zu schreiben. Korrigieren Sie effizient und verwenden Sie nach und nach feste Korrekturzeichen, z. B.:

f falsch   R Rechenfehler   FF Folgefehler

ul unleserlich   uv unvollständig

SOS-Tipp

Die Kinder kleben eine Kopie mit den Korrekturzeichen in ein Heft, das im ganze Schuljahr greifbar ist (Hausaufgaben-, Merkheft ...). So verstehen sie und auch die Eltern, was falsch ist.
Streichen Sie einen misslungenen Hefteintrag nicht durch und reißen Sie die Seite nicht heraus. Im Rahmen selbstverantwortlichen Lernens kann das Kind den Eintrag noch einmal auf ein Blatt schreiben und damit den Schandfleck überkleben.

11

Die Kinder blättern im neuen Buch und teilen sich im kurzen Partnergespräch erste Eindrücke mit. Aufträge an der Tafel regen zu gezieltem Nachforschen an und zum anschließenden Klassengespräch, z. B.:

- Wie viele Seiten hat das Buch?
- Welche Seite interessiert dich?
- Wie lang und wie breit ist das Buch? (DIN A4: fast 30 cm, 21 cm)
- Wie dick ist das Buch? (meist ca. 1 cm)
- Wie viel wiegt das Buch? (ca. 450 g)
- Parkettieren: Mit wie vielen Büchern kann ich meinen Schultisch auslegen?

Das Mathebuch als Anlass zum Rechnen nutzen

Moderne Schulbücher haben eine vielfältige **Symbolik.** Gehen Sie diese zusammen mit den Kindern ebenso durch wie das Glossar zum Nachschlagen am Ende des Buches.
Schließlich bietet das Mathebuch **interessante Anlässe** *zum Schätzen, Handeln, Rechnen und Aufbauen von Größenvorstellungen* (Regelein 2015 a, 11) (Tipp 88 ff.).

> Tipp 88

- Wie viel kostet ein Mathebuch? (ca. 15 €)
- Wie viel kosten die Mathebücher unserer Klasse, unserer Schule? Was könnte man für dieses Geld kaufen? Hinweise zum sorgsamen Umgang mit dem Buch schließen sich an.
- Auf einer Tapetenrolle legen die Kinder ihre Mathebücher der Länge nach aneinander: Ist die Buchschlange so lang wie das Klassenzimmer?
- Sie legen die Bücher in Stößen (je 5 Rücken an Rücken und die nächsten 5 mit dem Rücken auf der anderen Seite): Wie viele Bücher …
  … haben zusammen 1 000 Seiten? (130 Seiten → 8)
  … sind etwa 1 m hoch? (rund 100)
  … wiegen zusammen etwa 1 kg? (2)
- Wie hoch ist der Stoß aller Mathebücher der Klasse, von zwei Klassen? Ist der Mathebücher-Stoß von allen Klassen so hoch wie das Klassenzimmer?

- Wie schwer sind alle Mathebücher der Klasse, von zwei Klassen? Wiegen die Mathebücher von allen Klassen so viel wie ein schwerer Mann mit 100 kg?

Zur weiteren Arbeit mit dem Buch: In den neuen Büchern ist das Aufgabenniveau gekennzeichnet. Vorrangig sind die Aufgaben mit dem Grundwissen (Tipp 33, 42) als Grundlage für alle zu bearbeiten. Die weiteren Aufgaben dienen der Differenzierung (Tipp 7, 60).

❯ Tipp 33, 42

❯ Tipp 7, 60

Nutzen Sie die Aufgaben im Buch, ehe Sie mühsam selbst neue Arbeitsblätter erstellen. Durch gute Aufträge können Sie auch aus simplen Übungsaufgaben gute Aufgaben (Tipp 52) machen.

❯ Tipp 52

Gleich mal ausprobieren

Gute Aufgaben durch gute Aufträge:
- Welche Aufgaben waren leicht/schwer für dich? Unterstreiche sie grün/rot. Erkläre und begründe (Farben Tipp 30).

❯ Tipp 30

- Suche und schreibe auf: Diese Aufgaben gehören zusammen. Erkläre und begründe.
- Zeichne zu einer Aufgabe.
- Schreibe zu einer Aufgabe eine Rechengeschichte auf.

HAUSAUFGABEN GEBEN

12

Die Kinder sollen ihre Hausaufgaben selbstständig anfertigen können – ohne Hilfe der Erzieherinnen oder der Eltern. Daraus folgt: Nur, was im Unterricht gelernt, geübt und genau besprochen wurde, dürfen Sie aufgeben. Auch Aufgaben mit einem neu eingeführten Rechenverfahren (Tipp 25) sollten Sie nicht am gleichen Tag aufgeben. Denn Sie können nicht davon ausgehen, dass alle Kinder es schon auf Anhieb erfasst haben.

Nichts Neues aufgeben
❯ Tipp 25

SOS-Tipp

❱ Tipp 33

Für solche Fälle halte ich immer einige Arbeitsblätter mit bekannten Lerninhalten und Grundwissen (Tipp 33) bereit. Diese eiserne und laufend ergänzte Reserve ist im Notfall zugleich eine große Hilfe für Vertretungslehrkräfte. Platzieren Sie diese Reserve deshalb im Klassenzimmer gut sichtbar und weihen Sie Kinder als „Nothelfer" ein.

Bedenken Sie ferner:

❱ Tipp 7
❱ Tipp 81

- Auch bei Hausaufgaben sind ein Mindestpensum und Zusatzaufgaben (Tipp 7) sinnvoll.
- Arithmetische Hausaufgaben kann es immer geben, auch wenn Geometrie (Tipp 81 ff.) oder gar keine Mathematik auf dem Stundenplan steht.
- Eine tägliche Dauerhausaufgabe ist das Spitzen der Stifte im Mäppchen.
- Auch vorbereitende Hausaufgaben sind möglich. Stellen Sie sich allerdings darauf ein, dass manche Kinder die Hausaufgabe nicht machen werden. Diese arbeiten dann mit einem Kind mit Hausaufgabe zusammen.
- Spiele eignen sich wegen der nötigen Mitwirkung von Eltern oder Oma und Opa höchstens als Zusatzaufgabe. Ebenso arten Referate und Recherchen im Internet leicht zu umfangreichen Aufgaben für Eltern aus.

Achtung!

Bitte kopieren Sie nicht zwei DIN-A4-Seiten verkleinert auf eine Seite. Solche Verkleinerungen können das Lernen erheblich erschweren. Verzichten Sie bei knappem Kopierkontingent lieber auf ein Arbeitsblatt. Doch die Arbeitsblätter, die Sie ausgeben, sollten gut lesbar, übersichtlich und großzügig gestaltet sein.

Gleich mal ausprobieren

So ersparen Sie sich und den Kindern das lästige Notieren der Hausaufgaben: Auch wenn Sie (noch) nicht mit einem Wochenplan arbeiten, können Sie einen am PC erstellten Wochenhausaufgabenplan ausgeben. Für jeden Wochentag gibt es je eine Aufgabe zum Lesen, Schreiben und Rechnen. Falls nötig, erläutern Sie kurz einzelne Aufgaben und geben das Minimum- und Zusatzpensum an.

Weiterhin haben Sie hier auch Platz für weitere Elterninfos. Vermerken Sie eine fehlende Hausaufgabe im Plan mit „fehlt" und bitten mit „U" um Unterschrift der Eltern.

Hausaufgaben überprüfen

Bei einem offenen Unterrichtsbeginn kann Ihnen jedes Kind einzeln seine Hausaufgaben zeigen und Sie können eine erste Rückmeldung geben.

Oder: Während die Kinder still für sich arbeiten, gehen Sie durch die Klasse und überprüfen die Vollständigkeit. Lassen Sie dazu jeweils nur eine Arbeit auslegen, um den Überblick zu behalten. Zugleich kann jedes Mal ein anderes Kind mit durchgehen und „besonders schöne" Hausaufgaben aufspüren und nennen.

Vollständigkeit überprüfen

Gleich mal ausprobieren

Mit der Selbsteinschätzung der Kinder können Sie zwischendurch überprüfen, ob Ihre Hausaufgaben-Praxis angemessen ist. Auf Ihre Frage hin „Welche Aufgabennummer konntest du nicht alleine lösen?" melden sich die Kinder und Sie notieren dies in Ihrem Mathebuch.

Über das flüchtige Ansehen hinaus ist eine genaue Korrektur (Tipp 10) erforderlich. So können Sie mit der Klasse die Ergebnisse überprüfen: Reihum schreibt ein Kind die Hausaufgabe jeweils mit einem Folienstift auf Folie. Am nächsten Tag tauschen die Nachbarn ihre Hefte aus und überprüfen jeweils die Hausaufgabe ihres Nachbarn mit der Folie. Falsche Ergebnisse werden als Aufforderung unterstrichen, sie zu berichten.

❯ Tipp 10

Kontrollfolie einsetzen

SOS-Tipp

> Setzen Sie sich auf einen der hinteren Schülerplätze und kontrollieren Sie nach dem Auflegen einer Folie sofort die Projektion. Ist die Folie richtig aufgelegt? Ist die Schrift groß genug? Ist das Bild scharf genug?
>
> Da das Verbessern der Fehler zu Hause nur unzuverlässig durchgeführt wird, gebe ich nach der Kontrolle etwa fünf Minuten Zeit dazu. Dabei ist die Kontrollfolie nicht mehr zu sehen.

Fehlende Hausaufgaben

Weisen Sie die Eltern am Elternabend darauf hin: Hausaufgaben sind Pflicht und die Eltern tragen für das Erledigen Verantwortung.

In der Schülerliste mache ich bei jeder fehlenden Hausaufgabe einen Strich und informiere die Eltern. Bei häufigem Fehlen der Hausaufgaben ist ein Gespräch mit den Eltern und ggf. eine Bemerkung im Zeugnis angebracht.

Wenn Eltern die Hausaufgaben nicht überwachen können: Mit Bildungsgutscheinen übernimmt der Staat die Kosten für eine Hausaufgabenbetreuung.

MIT ELTERNBESCHWERDEN UMGEHEN

13

› Tipp 12

Mitunter beschweren sich Eltern über ein Zuwenig (selten!) oder ein Zuviel an Hausaufgaben (Tipp 12) oder über zu „schwere" Hausaufgaben. Blocken Sie solche Beschwerden nicht ab, sondern bedanken Sie sich freundlich für den Hinweis und sichern Sie ein Überprüfen Ihrer Praxis zu.

Achtung!

So können Sie prüfen, ob das Mindespensum nur für ein Kind oder generell zu umfangreich ist: Jedes Kind schreibt unter die Hausaufgabe den Arbeitsbeginn, das Arbeitsende und die Dauer in Minuten.

Erklären Sie beim Elternabend, dass Kinder, die mit dem Mindestpensum an Hausaufgaben überfordert sind, nach 30 Minuten abbrechen können – allerdings nur mit einer elterlichen Unterschrift unter der Arbeit.

ZIFFERNSCHREIBKURS AUSGEBEN

14

Wenn Sie sich über kaum lesbare Ziffern im Heft ärgern: Permanentes Tadeln bringt kaum eine Verbesserung (Tipp 35). Effektiver ist es, den betroffenen Kindern klare Hinweise zu geben, z. B.: Die 1 oben beginnen. Sprechverse helfen beim Einprägen: Hinauf, Spitze, nach unten.

Zugleich vermitteln solche Sprechverse den Kindern ein geometrisches Vokabular. Sie erhalten dann ein Arbeitsblatt mit vorgeschriebenen Ziffern zum Nachfahren und zum Weiterschreiben. Weitere Anregungen finden Sie in den Ziffernschreibkursen für das 1. Schuljahr.

❯ Tipp 35

Ziffern sorgfältig
schreiben lassen

VERTRETUNGSSTUNDEN HALTEN

15

Grundsatz: Was Sie auch immer bei einer Vertretung vorfinden (Ordnung im Klassenzimmer, Rituale, Lernstand der Kinder ...): Mäkeln Sie niemals herum, sondern passen Sie sich an. Wenn Sie Unterlagen vorfinden – wie es zum Wohl der Kinder und aus Kollegialität sein sollte – nutzen Sie diese. Sind keine Unterlagen da, heißt es improvisieren. Ich beginne eine Vertretung gerne mit Mathe. Erstens tut Übung hier immer gut, zweitens lässt sich mit Mathe ohne langes Erklären eine Phase stillen Arbeitens realisieren. In dieser Zeit kann ich mich in Ruhe mit der Klasse vertraut machen (Schülerliste, Lehrnachweis, vorhandenes Material ...). Ein Kind zeigt mir, auf welchen Buchseiten (Tipp 11) die

❯ Tipp 11

Klasse zuletzt gerechnet hat. Und hier – oder auf vorherigen Seiten – geht es weiter.

Für den worst case (keine Unterlagen) habe ich auch ein Notfallpaket dabei, z. B. Arbeitsblätter zum Einmaleins mit Selbstkontrolle.

> Tipp 12 Geben Sie auch eine Hausaufgabe (Tipp 12), um den Eltern das Gefühl zu vermitteln: Schule funktioniert auch bei Krankheit der Klassenlehrerin.

KLARE LEHRERSPRACHE

16

> Aus vielen Worten entspringt
> ebensoviel Gelegenheit zum Missverständnis.
> *William James*

Ihre kurze, klare, sprachlich richtige Ausdrucksweise soll zugleich Vorbild für die Kinder sein.

Damit die Kinder Sie verstehen, darf die Lautstärke weder zu laut noch zu leise sein, darf das Sprechtempo weder hektisch noch einschläfernd sein. Eine flexible Sprachintonation mit Wechsel von Tempo, Klangfarbe und Dynamik gewinnt aufmerksame Zuhörer.

Wichtiges hervorheben   Wenn Sie etwas Wichtiges sagen wollen: Kündigen Sie dies an und sprechen Sie langsam. Tabu sind schrilles Schreien, starker Dialekt, kindische Kleinkindsprache, anbiedernde Jugendsprache (super ...), häufige Wiederholungen (Ok, nicht wahr ...), Ironie und Sarkasmus, nichtssagende Floskeln und Klischees (Man ...).

Einfache Formulierungen mit einfacher Wortwahl und einfachem, kurzem Satzbau sind nicht nur für Kinder mit geringen Deutschkenntnissen hilfreich.

- Ein Satz sollte nur eine Anweisung enthalten.
- Geben Sie nicht mehr als drei Anweisungen hintereinander und zwar in der Reihenfolge, wie zu handeln ist.
- Geben Sie nach jeder Anweisung den Kindern einige Sekunden Zeit (leise bis 10 zählen) zum Verarbeiten und Reagieren.

Gleich mal ausprobieren

So können Sie Ihren Redeanteil bewusst reduzieren:

- Bemühen Sie sich konsequent um eine kurze, klare Ausdrucksweise und reden Sie nicht lange um den heißen Brei herum. Das wörtliche Aufschreiben wichtiger Redeanteile ist eine gute Selbsterziehung.
- „Sprechen" Sie mit bloßer Mimik und Gestik (Rituale Tipp 8). ❭ Tipp 8
- Schweigende Zurückhaltung: Präsentieren Sie ein Bild, einen Text, eine Aufgabe schweigend – ohne Fragen. Durch Ihr Schweigen fordern Sie die Kinder zum Nachdenken und zur Stellungnahme auf.

DURCH HANDELN ZUM VERSTÄNDNIS

17

Damit ein Kind im Anfangsunterricht Zahlen und Rechenoperationen nicht nur mechanisch anwenden, sondern verstehen kann, muss es zuerst mit Material (Tipp 2, 3) ❭ Tipp 2, 3 konkret handeln. Das Handeln geschieht in einem Dreischritt:

Zuerst ... – Dann ... – Jetzt ... Das Kind muss sich also bei Schritt 3 an die bereits vollzogenen Schritte 1 und 2 erinnern können. Damit dies gelingt, machen Sie jeden Schritt mit Material langsam vor und sprechen Sie dazu, z. B.:

- „Zuerst habe ich 7 Bälle." → 7 Bälle (7 Plättchen) von links nach rechts hinlegen.
- „Dann nehme ich 3 Bälle weg." → Von rechts her 3 wegnehmen.
- „Jetzt habe ich nur noch 4 Bälle."

Es genügt allerdings nicht, dass Sie oder ein anderes Kind die Handlung vormachen. Das Kind muss die Handlung selbsttätig ausführen und dazu sprechen. Nur so kann es nach und nach innere (mentale) Vorstellungsbilder aufbauen.

18 Das Handeln visualisieren

Nach mehrmaligem Handeln mit anderen Zahlen wird die Handlung im Bild gezeigt. Zuerst werden Bilder mit konkreten Dingen gezeigt, dann mit grafischen Symbolen:

zuerst

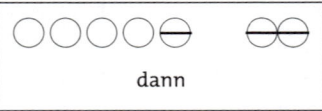

dann

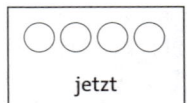

jetzt

Ebenso wie das Kind erst lernen muss, wie es mit dem Material legen soll, so muss es auch erst lernen, solche Bilder zu „lesen". Das Wegnehmen wird meist durch Wegstreichen symbolisiert.

Schließlich werden die Handlung, das Bild und die gesprochene Sprache durch geschriebene Ziffern und Symbole dargestellt: 7 − 3 = 4

Wenn das Kind künftig ein Minuszeichen sieht, sollte das handelnde Wegnehmen wie ein Film in seinem Kopf ablaufen.

19 Das EIS-Prinzip flexibel anwenden

Das EIS-Prinzip zeigt diesen fortschreitenden Abstraktionsprozess:

begleitendes Sprechen		
Enaktives, handelndes Darstellen mit Material	Ikonisches Darstellen der Handlung im Bild	Symbolisches Darstellen als Zahlensatz

Manche Kinder sind länger auf handelndes und bildliches Darstellen angewiesen als andere. Deshalb ist es günstig, Sie sprechen alle Ebenen mehrmals in wechselnder Reihenfolge an. Machen Sie den Kindern bewusst: Wenn du eine Aufgabe nicht lösen kannst, hole das Material (Tipp 2, 3) als Hilfe. Wenn du auch dann nicht weiterkommst, hole ein anderes Kind als Hilfe (Differenzierung Tipp 7, 60). Während einige Kinder schnell nach dem Muster EIS-S-S ... weiterlernen, rechnen andere so lange nach dem Muster EIS-EIS-EIS ... oder ES-ES ... oder IS-IS ..., bis sie den Schritt zum nur symbolischen Rechnen schaffen. Wenn Kinder Material nicht mehr brauchen, verzichten sie meist von selbst darauf. Vergewissern Sie sich allerdings, dass das Rechnen bei Materialverzicht auch wirklich gelingt.

❯ Tipp 2, 3

❯ Tipp 7, 60

Das Kind hat dann eine Grundvorstellung aufgebaut, wenn es eine Darstellung in die andere übersetzen kann.

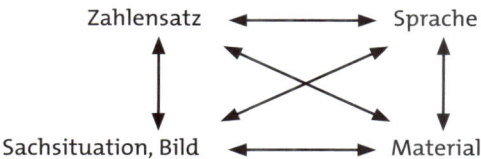

RECHENPROBLEMEN VORBEUGEN

20

Manche Kinder brauchen weitere Hilfen zum Aufbau innerer Vorstellungsbilder. Eine Hilfe ist das **Handeln mit verdecktem Material**:

(1) *Handeln, Material und Sprache:* Das Kind handelt mit dem Material und versprachlicht die Handlung sowie die mathematischen Symbole.

(2) *Material und Sprache:* Das Kind sagt Ihnen oder einem Partnerkind, wie die Handlung mit Material durchzuführen ist und beobachtet die Durchführung.

(3) *Verdecktes Material und Sprache*: Wie (2), allerdings führt der Partner die Handlung hinter einem Sichtschirm oder unter einem Tuch durch, sodass das Kind das Material nicht sehen kann. Es ist gezwungen, sich die Handlung mit dem Material vorzustellen und klare Anweisungen zu

geben. Es kann auch selbst die Augen schließen – doch ist das manchen Kindern unangenehm.

(4) *Ohne Material*: Zu einer vorgegebenen Aufgabe (symbolische Ebene) stellt sich das Kind die Handlung vor und beschreibt sie (nach Wartha 2012, 63).

Gleich mal ausprobieren

Eine auf den Tisch gestellte Schultasche ist nur eine Notlösung für einen Sichtschirm. Besser sind geknickte Zeichenblockdeckel DIN A3 oder noch etwas größere Kartonstücke, die Sie aus dem vielen Verpackungsmüll zuschneiden.

Eine weitere Hilfe: Stell dir vor ...

Die Kinder schließen die Augen. Sie erzählen eine Rechengeschichte („Mia hat vier Luftballons. Oma schenkt ihr zwei Luftballons.") und fragen: „Was muss ich tun?" Ein Kind antwortet mit geschlossenen Augen: „Lege 4 Plättchen für die 4 Ballons, die Mia schon hat." Legen Sie die Plättchen und fragen Sie die Kinder, ob sie diese 4 Plättchen „sehen" – mit geschlossenen Augen. Das nächste Kind beschreibt, was dann zu tun ist: „Lege nun 2 Plättchen dazu für die beiden Ballons, die Mia noch bekommt." So lösen die Kinder eine Rechengeschichte nur in der Vorstellung, ohne selbst zu handeln.

„Die Aufforderung ‚Stell dir vor ...' gehört zu den wichtigsten Anforderungen in einem handlungsorientierten Mathematikunterricht, denn das Ziel jeder Handlung ist der Aufbau von Vorstellungen." (Schipper 2005, 42 f.)

AUFGABEN MIT PLATZHALTER ERKLÄREN

21

Aufgaben wie $3 + ? = 8$ oder $? + 5 = 8$ sind für viele Kinder schwierig, weil sie diese nicht in eine Handlung übersetzen können.

Mia hat 5 Würfel. Ben hat 8 Würfel. Wie viele Würfel hat Ben mehr als Mia?	Mia hat 5 Würfel. Ben hat 8 Würfel. Wie viele Würfel muss Mia noch bekommen, damit sie genau so viele Würfel hat wie Ben?
schwierig, weil abstrakt	leichter, denn: „bekommen" weist auf die Handlung hin

Lösen Sie Platzhalter-Aufgaben mit einem Zaubertuch oder Zauberbeutel, z. B. ? + 5 = 8: Unter dem Tuch liegen bereits einige Würfel. Wie viele es sind, wird nicht verraten. Legen Sie dann sichtbar für alle 3 weitere Würfel unter das Tuch. Entfernen Sie das Tuch. Die Kinder zählen: Jetzt sind es 8 Würfel. Wie viele waren es zuerst?

Zaubertuch oder Zauberbeutel verwenden

Analog wird gehandelt:
3 + ? = 8 → Wie viele Würfel habe ich dazu gelegt?
8 − ? = 5 → Wie viele Würfel habe ich weggenommen?
? − 3 = 5 → Wie viele Würfel waren es zuerst?

Nach einiger Zeit werden die konkreten Handlungen wieder durch vorgestellte Handlungen ersetzt: „Stellt euch vor, unter dem Tuch sind einige Würfel. Wenn ich noch drei dazu lege, dann sind es insgesamt acht Würfel. Wie viele waren es zuerst?"

DAS HUNDERTERFELD ENTWICKELN

22

Didaktisches Material (Tipp 2, 3) ist nicht selbsterklärend. Es kann nur zur Abstraktion führen, wenn Sie seine Struktur verdeutlichen und die Handhabung genau erklären. Sie „sehen" die arithmetische Struktur des Hunderterfelds, weil Sie sie kennen. Doch das Kind sieht nur viele Punkte. Um eine klare Vorstellung von 100 zu entwickeln, muss das Kind die Struktur verstehen. Dazu zählt es 100 Steine aus einer Schachtel, baut das Hunderterfeld nach und erkennt: 10 Reihen mit je 10 Punkten, 10 Spalten mit je 10 Punkten, 4 Felder mit je 25 Punkten, 2 Blöcke mit je 50 Punkten.

Tipp 2, 3

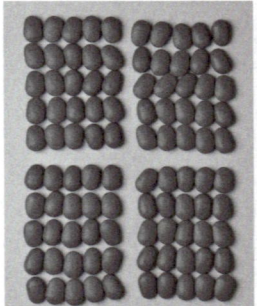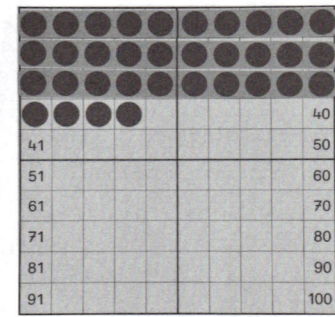

(Fotos Hunderterfeld: A. Wieneke)

- Erst danach kann das Kind das Feld zum Verstehen des Zahlaufbaus nutzen: 34 hat 3 Zehner und 4 Einer;
- Ergänzen auf den nächsten Zehner: 34 – der nächste Zehner ist 40, 34 + 6 = 40;
- Ergänzen auf 100 : 40 + 60 = 100, 34 + 66 = 100

Achtung!

▶ Tipp 30

Fragen Sie die Kolleginnen: Im 3./4. Schuljahr werden den Stellenwerten mitunter Farben (Tipp 30) zugeordnet, z.B. bei Montessori-Material: Einer sind grün, Zehner blau, Hunderter rot. Verwenden Sie von Anfang an durchgängig die gleichen Farben, damit die Kinder später nicht umlernen müssen.

23 MUT ZUM LEHRERVORTRAG HABEN

▶ Tipp 16

▶ Tipp 25

Sachverhalte, die die Kinder nicht wissen können, müssen Sie kurz und klar mitteilen (Tipp 16).

Auch das Vorrechnen eines neuen Rechenverfahrens (Tipp 25) mit eingeschobenen Erklärungen ist ein ökonomischer Weg. Die Kinder sehen das Ziel und behalten den Zusammenhang im Auge, ohne sich in Einzelheiten zu verlieren. Das ist effizienter als ein mühsames Erarbeiten in einem zähen Unterrichtsgespräch. Sagen Sie, worauf es ankommt und was sich die Kinder merken sollen: „Das ist jetzt wichtig ... Ich fasse das noch einmal zusammen ..." Unterstützen Sie Ihren Vortrag durch begleitendes Handeln oder durch ein klares Tafelbild (Tipp 28). Trotz gebotener Kürze: Ihr Vortrag wird spannender, wenn Sie ihn mit einer eigenen Erfahrung, Meinung oder Frage würzen: „Ist das nicht merkwürdig ..." So wird ein guter Lehrervortrag zugleich zum Vorbild für die Kinder, einen Sachverhalt mit korrekter Fachsprache (Tipp 31) darzustellen.

❯ Tipp 28

❯ Tipp 31

Um die Ecke gedacht

> Nicht nur lernschwache Kinder verlieren sich in den Freiräumen offenen Lernens. Guter Unterricht braucht eine klare Struktur. Der viel verpönte Frontalunterricht funktioniert – wenn Sie wenig reden. Oft wird auch „guter" Unterricht mit „innovativem" Unterricht verwechselt. Aus Forschung und Schulpraxis ist jedoch bekannt: Es gibt brillanten Frontalunterricht ebenso wie dilettantischen Projektunterricht – und umgekehrt.

VORWISSEN ABFRAGEN

24

Mit dem Weißblatttest können Sie schnell und einfach am Vortag eine Lernausgangsdiagnose durchführen (Tipp 5). Schreiben Sie eine Rechenaufgabe an die Tafel. „Wie kannst du diese Aufgabe lösen?" Die Kinder schreiben ihren Vorschlag auf ein leeres, weißes Blatt oder schreiben schlicht: „Weiß nicht."

❯ Tipp 5

Sie können damit auch das Vorwissen anderer Themen abfragen wie „Was weißt du darüber, wie du eine Länge ... messen kannst?" Zusätzlich zum „Das weiß ich schon" können Sie den Test noch mit dem Item „Das will ich wissen" erweitern. So wecken Sie das Interesse der Kinder und gewinnen vielleicht einen guten Einstieg in die nächste Stunde (vgl. Nowey-Fath 2014, 74).

25

❯ Tipp 73
❯ Tipp 74
❯ Tipp 2, 3

Grundsatz: Führen Sie einen neuen Rechenweg (z. B. beim halbschriftlichen Rechnen Tipp 73) oder ein neues Verfahren (z. B. beim schriftlichen Rechnen Tipp 74) nur mit bekannten Zahlen, bekanntem didaktischen Material (Tipp 2, 3) und bekannten Arbeitsweisen ein.

Lehrpläne und Literatur gehen vielfach davon aus, dass Kinder neue Wege und Verfahren selbstständig entdecken können. Das mag einzelnen Kindern gelingen. In der Praxis zeigt sich jedoch, dass der Großteil der Kinder damit überfordert ist. Eine gut strukturierte, knappe Lehrerpräsentation

❯ Tipp 16, 23
❯ Tipp 2, 3

on (Tipp 16, 23) weist klar auf Wesentliches hin, zeigt den richtigen Einsatz des Materials (Tipp 2, 3) oder von Hilfsmitteln wie dem Rechenstrich, gibt geeignete Sprechweisen vor und spart wertvolle Zeit.

Achtung!

Stellen Sie in einer Stunde auch zunächst nur einen Rechenweg vor. Denn eine Vielfalt möglicher Lösungswege ist für schwache Rechner eher verwirrend als hilfreich. Auch das Rechnen mit manchen Rechenvorteilen (z. B. $53 + 38 = 53 + 40 - 2$) ist für schwache Rechner mühsamer und wegen des Vorzeichenwechsels fehleranfälliger als der Standardweg ($53 + 30 + 8$). Verschiedene Lösungswege und Rechenvorteile eignen sich nur zur Differenzierung für helle Köpfe.

Zwängen Sie ein mathematisches Problem nicht in einen gekünstelten Sachzusammenhang, der vielleicht sogar vom Problem ablenkt. Sie können nach dem ersten handelnden Rechnen bis 10 durchaus eine Aufgabe selbst in den Mittelpunkt stellen und nach Lösungsversuchen der Kinder sagen: Ich zeige jetzt, wie du diese Rechnung lösen kannst.

26

Nachdem Sie der Klasse ein Verfahren erklärt haben, differenzieren Sie: Wer meint, das Verfahren verstanden zu haben, arbeitet alleine weiter. Wer sich eine selbstständige Lösung noch nicht zutraut, kommt mit seinem Stuhl vor die Tafel. Nacheinander vollziehen einzelne Kinder den Rechenweg nach, wobei Sie beim Stocken oder bei Fehlern sofort einhaken. Wer meint, dass er nun das Verfahren verstanden hat, verlässt stumm den Halbkreis und arbeitet alleine weiter.

Zu Stundenende oder zu Beginn der nächsten Stunde erklären die Kinder sich gegenseitig den Rechenweg im Partnergespräch. Damit die Kinder genau auf den Partner hören, sage ich nach dem Partnergespräch: „Wer kann sagen: Mein Partner hat mir den Rechenweg richtig erklärt? Melde dich bitte." So gewinnen Sie einen groben Überblick.

Wichtig: Keinesfalls Aufgaben mit einem neu erlernten Verfahren als Hausaufgabe (Tipp 12) geben!

❯ Tipp 12

Mit einem kurzen Lernergebnistest können Sie überprüfen, ob die Kinder Ihre Erklärung und das neue Rechenverfahren verstanden haben (Feedback Tipp 55).

❯ Tipp 55

In den nächsten Tagen ist jeweils ein Kind für 5 Minuten Lehrer und erklärt das Verfahren an der Tafel.

Name:		Datum:		
Das sollte ich in dieser Stunde lernen: ...				
	nein	eher nein	eher ja	ja
Ich habe alles verstanden.				

Für mich war diese Stunde:				
viel zu leicht	etwas zu leicht	genau richtig	etwas zu schwer	viel zu schwer
▢	▢	▢	▢	▢

Das möchte ich noch zu der Stunde sagen: ...

27

Ein neuer Aufgabentyp, ein neues Übungsformat, eine neue Darstellungsweise muss immer erklärt werden. Dabei gilt der Grundsatz: Eine neue Arbeitsweise immer nur mit bekannten Zahlen und Operationen einführen. Auch in einer jahrgangsgemischten Klasse können Sie nicht darauf vertrauen, dass die Kinder des 2. Schuljahrs den Kindern des 1. Schuljahrs einen neuen Lerninhalt verständlich erklären. Sollen die Kinder z. B. mit **Karteikarten** lernen, müssen Sie die Kinder einweisen. Dies kann im Klassenverband geschehen oder auch im Schneeballsystem. Zeigen Sie die Arbeitsweise nur einigen Kindern, die dann als Experten weitere Kinder einweisen.

> Tipp 19

Auch **Pfeilbilder** (Operatoren) sind für die Kinder nicht selbsterklärend (EIS-Prinzip Tipp 19).

$$4 \xrightarrow{+2} 6 \qquad 4 \underset{-2}{\overset{+2}{\rightleftarrows}} 6$$

Vorschlag zur Einführung: Malen Sie mit Kreide im Schulhof einen Zahlenstrahl. Ein Kind stellt sich auf die Vier und führt den (Rechen-)Befehl aus: „Geh zwei Schritte vorwärts." Symbolisieren Sie dann das Vorwärtsgehen mit einem Pfeil. Nach mehreren Beispielen wird analog das Rückwärtsgehen durchgeführt und symbolisiert. Schließlich werden beide Handlungen verknüpft und es wird die Umkehraufgabe (Gegenoperator) veranschaulicht: „Zwei Schritte vor. Kehre um. Zwei Schritte zurück."

Schrittweise in die Arbeit mit Tabellen einführen

Ebenso müssen Sie die Kinder schrittweise in die Arbeit mit einer **Tabelle** einführen.

Wichtige Kompetenzen sind das Sich-Orientieren in der Tabelle, das Auffinden des gesuchten Wertes, das Vernetzen einer Tabelle mit einer grafischen Darstellung sowie später das fortgesetzte Prüfen der Plausibilität: Kann das stimmen? Zeigen Sie die fertige Tabelle an der Tafel und bauen Sie sie

zusammen mit den Kindern aus einzelnen Karten schrittweise nach. Im Wechsel sprechen Sie und die Kinder dazu.

- Ich lese die Zeilen von links nach rechts (mit dem Finger
  jede Zeile nachfahren).
- Diese Tabelle hat 3 Zeilen, Zeile 1, Zeile 2, Zeile 3.
- In Zeile 1 steht am Anfang oben links, was ich tun muss:
  Ich soll plus rechnen.
- Ich lese die Spalten von oben nach unten. (Mit dem Finger
  jede Spalte nachfahren)
- Diese Tabelle hat 4 Spalten, Spalte 1, Spalte 2, Spalte 3 und
  Spalte 4.

	Spalte 1	Spalte 2	Spalte 3	Spalte 4
Zeile 1	+	2	3	4
Zeile 2	5			
Zeile 3	6			

Beim Rechnen wird immer in Spalte 1 begonnen. Die erste
Aufgabe heißt: 5 + 2. Die Zeile mit der 5 und die Spalte mit
der 2 (mit den Fingern beider Hände nachfahren) treffen sich.
In dieses Feld schreibe ich das Ergebnis. Wie heißt die Auf-
gabe zum dunklen Feld rechts unten? – Analog nennen die
Kinder die weiteren Aufgaben.

DAS TAFELBILD STRUKTURIEREN

28

Visualisieren Sie einen neuen Lerninhalt parallel zu Ihrer Erklärung mit einem gut strukturierten Tafel- oder Folienbild.
Berücksichtigen Sie dabei die entsprechende Darstellung im
Schülerbuch oder auf einem Arbeitsblatt. Soll sich ein Hefteintrag (Tipp 10) anschließen: Gehen Sie vom erwünschten
Eintrag aus und planen Sie entsprechend das Tafelbild.
Schreiben Sie es nicht vorher an, sondern entwickeln Sie es
aus dem Unterricht heraus und integrieren Sie ggf. Kinder-
äußerungen flexibel in das Tafelbild.

❯ Tipp 10

SOS-Tipp

Für ein exaktes Tafelbild können Sie vorher mit dunkelgrüner Kreide Markierungspunkte und -linien als Hilfe anbringen.

Stellen Sie sich als Rechtshänder beim Schreiben auf Folie immer links vom Projektor, damit Ihr Körper die Projektion nicht verdeckt. Linkshänder dagegen stehen rechts. Wollen Sie auf der Folie eine bestimmte Zahl zeigen, verwenden Sie dazu einen Stift. Zeigt man mit dem Finger darauf, wird dieser unscharf abgebildet und es ist nicht zu erkennen, was gemeint ist.

SELBSTKONTROLLE ANBIETEN

29

Aufgaben im Buch oder auf einem Arbeitsblatt mit Selbstkontrolle geben dem Kind eine sofortige Rückmeldung über seine Leistung und erleichtern Ihnen die Korrektur. Es gibt verschiedene Varianten der Selbstkontrolle. Damit die Kinder sie durchführen können, müssen Sie das jeweilige Verfahren genau erklären. Sind auf einem Arbeitsblatt die Lösungen in anderer Reihenfolge angegeben, empfiehlt es sich, „verbrauchte" Zahlen durchzustreichen. So behält das Kind einen besseren Überblick. Auch bei Selbstkontrolle ist für

❯Tipp 55 das Kind ein Feedback (Tipp 55) von Ihnen wichtig.

DURCHGÄNGIGES FARBKONZEPT

30

Ein schuleinheitliches Farbleitsystem schafft Übersicht und bewahrt die Kinder vor Umlernen.

Farben dienen der organisatorischen Hilfe. Falls noch nicht

Farben als organisatorische Hilfe

an Ihrer Schule üblich, regen Sie an, dass jedem Fach eine Farbe zugeordnet wird, z.B. Mathematik Blau. So weiß jedes Kind und jede Vertretungslehrerin sofort: Aha, blaues Heft

❯Tipp 10 (Tipp 10) – Mathematik.

Um die Ecke gedacht

Die Wahl „Mathe – Blau" hatte an unserer Schule übrigens nichts mit dem Stereotyp „Jungen mögen Mathe lieber als Mädchen" zu tun. Die pragmatische Grundlage ist: In Deutsch werden (noch) mehr Hefte als in Mathe benötigt und es gibt mehr Umschläge in Rot- als in Blautönen.

Farben als Lernhilfe

- Bei der Rechts-links-Unterscheidung: rechts – rot, links – lila
- Beim Unterscheiden der Operationszeichen: Bei gemischten Rechnungen fahren die Kinder z. B. die Pluszeichen blau, die Minuszeichen rot nach.
- Bei den Stellenwertkarten (nach Montessori): Einer 1 – 9 (grün), Zehner 10 – 90 (blau), Hunderter 100 – 900 (rot)
- Beim Unterstreichen in verschiedenen Farben von als „leicht/schwer" eingeschätzten oder zusammengehörigen Rechnungen wie z. B. Aufgabe – Umkehraufgabe
- Beim Betrachten von mehreren Zahlen und beim Sachrechnen, um effektiv zu kommunizieren, z. B.: Von der blauen Zahl ziehe ich die rote Zahl ab.

Gleich mal ausprobieren

Sie erleichtern sich die Korrektur ungemein, wenn die Kinder von Anfang an die Größer- / Kleiner-Zeichen mit verschiedenen Farben schreiben, z. B. > blau, < rot.

FACHSPRACHE BEWUSST EINFÜHREN

31

Hätten Sie das gedacht? In der Grundschule muss das Kind etwa 500 mathematische Fachbegriffe zusammen mit dem mathematischen Thema lernen. Dazu zählen nicht nur Fachwörter wie vermindern, Summe, Quader, Umkehraufgaben, Rechenvorteil ..., sondern auch Fachwörter, die in der Alltagssprache eine andere Bedeutung haben. So ist eine ungerade Zahl (Fachsprache) nicht krumm oder schief (Alltagssprache). Wenn eine Zahl größer ist als eine andere,

Fachwörter mit anderer Bedeutung in der Alltagssprache

bedeutet das in der Mathematik, sie hat einen höheren Wert. Es bedeutet aber nicht, dass sie größer geschrieben ist. Eine Buchseite ist eine Fläche, eine Rechteckseite jedoch eine Strecke. Sie müssen deshalb die fachsprachliche Bedeutung auch scheinbar bekannter Wörter im mathematischen Zusammenhang explizit klären. Erst dann können die Kinder angemessen über mathematische Inhalte kommunizieren und argumentieren.

Gleich mal ausprobieren

Legen Sie bei der nächsten Stundenplanung einen Wortspeicher mit mathematischen Begriffen und Satzmustern an und übertragen Sie ihn an die Tafel oder auf ein Plakat. Geben Sie die sprachlichen Strukturen korrekt vor und lassen Sie sie von den Kindern oft wiederholen. Ggf. müssen Sie Fehler korrigieren, damit sich eine fehlerhafte Sprachverwendung nicht verfestigt (Kinderbeiträge Tipp 49).

> Tipp 49

Sprachliche Stolperfallen beachten

Auf Kinder mit Migrationshintergrund warten weitere sprachliche Stolperfallen. Visualisieren Sie Aufträge wie „Kreise ein" oder „Umfahre …". Verwenden Sie sowohl mündlich als auch schriftlich einfache Strukturen, z. B.:

- statt man → ich oder wir („du" zu schwierige Verbformen)
- statt Passiv → Aktiv
- statt Konjunktiv → Indikativ
- statt Pronomen → Nomen wiederholen

Das folgende Beispiel zeigt, wie Sie schrittweise den Schwierigkeitsgrad anheben und umgekehrt einen Text im Buch vereinfachen können:

- Ich denke mir eine Zahl. Ich nehme von meiner Zahl 43 weg. Dann habe ich 57.
- Ich denke mir eine Zahl. Wenn ich von meiner Zahl 43 abziehe, dann habe ich 57.
- Wenn ich von meiner Zahl 43 abziehe, dann erhalte ich 57.
- Wenn ich von meiner Zahl 43 subtrahiere, ist die Differenz 57.

Gleich mal ausprobieren

So können die Kinder die Fachsprache gut einüben: Sie übersetzen einen „leichten" Text in die schwierigere Version und umgekehrt.

LÖSUNGSWEGE BESCHREIBEN LASSEN

32

Nicht nur die Kinder dürfen die Frage „Wie? Warum?" stellen, sondern auch Sie. Lassen Sie die Kinder ihre Lösungswege immer wieder beschreiben und begründen, damit die Mitschüler diese besser nachvollziehen können. Das Kind selbst übt sich so permanent darin, seine Meinung zu hinterfragen und lernt, auch fehlerhafte Denkansätze produktiv auszuwerten.

Gleich mal ausprobieren

Fragekarten an der Mathe-Pinnwand sind dazu hilfreich. Sie oder ein Kind kann dann jeweils auf die passende Frage deuten. Die Fragekarten 1 bis 3 ab dem 2. Schuljahr werden im 3./4. Schuljahr erweitert.
- Wie hast die Aufgabe gelöst? Warum hast du so gerechnet?
- Wer hat die Aufgabe auf die gleiche Weise gelöst?
- Was ist an der Lösung von ... anders als an deiner Lösung, was ist gleich?
- Welcher Weg ist kürzer / einfacher?
- Wie hättest du die Aufgabe auch ganz anders lösen können?

GRUNDLAGEN FÜR ALLE SCHAFFEN

33

Ohne das Beherrschen von Basiswissen ist ein erfolgreiches Weiterlernen sowie kreative Mathematik wie das Entdecken und Begründen von Mustern und Strukturen nicht möglich. Zum Grundwissen zählen nicht nur sicheres Zahlverständnis und Beherrschen der Grundrechenarten sowie der schriftlichen Rechenverfahren, sondern auch das Umrechnen von Größen, das richtige Anwenden von Fachbegriffen und

❯ Tipp 81

❯ Tipp 5

Grundlagen der Geometrie (Tipp 81 ff.). Greifen Sie auch den Basisstoff aus dem vorhergehenden Schuljahr immer wieder auf (Lernstand ermitteln Tipp 5).

ZAHLVORSTELLUNG BIS 20 AUFBAUEN

34

Achtung!

Alle Kinder sollten am Ende des 1. Schuljahres im Zahlenraum bis (mindestens) 20 schnell und sicher vor- und rückwärts zählen können.

Zum Zählen können Sie unstrukturiertes Material verwenden wie Kastanien, Eicheln, Nüsse, kleine Kieselsteine, Knöpfe, Halmafiguren, Legosteine gleicher Farbe und Größe, kleine Bälle, Plättchen ... Beachten Sie, dass die Dinge keine Merkmale haben, die die Aufmerksamkeit zu stark auf sich lenken. Ungeeignet sind deshalb:

- Spielwürfel: Das Kind würde auf die Augenzahlen achten.
- Münzen: Hier würde es auf die Geldwerte sehen.
- Süßigkeiten (Smarties, Bonbons ...): Dies konterkariert Ihre Gesundheitserziehung.
- Glaskugeln (Murmeln) rollen umher.
- Erbsen könnten die Kinder verschlucken oder sich in die Nase schieben.
- Buntstifte: Die Minen brechen ab.
- Plastilinkugeln: Die Dinge sollten nicht teilbar sein.

Sie können auch strukturiertes Material einsetzen wie z. B. Steckwürfel oder Montessori-Material.

Knüpfen Sie an die vorhandenen Kompetenzen an und erlauben Sie zunächst das vertraute Zählen mit den Fingern. *Zählen mit den Fingern erlauben* Doch zeigen Sie den Kindern nach und nach Wege, wie sie sich von den Fingern als Hilfsmittel befreien können. Die meisten Kinder können zählend Mengen bis 10 erfassen und darstellen. Trotzdem müssen Sie das Verständnis kleinerer Zahlen systematisch vertiefen. Denn die Kinder müssen auch die Struktur der Zahlen – z. B. die Zahlzerlegungen – und ihre Beziehungen zu anderen Zahlen (kleiner, größer, Hälfte, Doppeltes) lernen und das Zahlennetzwerk verstehen.

Darstellen von Zahlen am Rechenrahmen

(Abb. in Anlehnung an Schipper 2008, 25)

Legen Sie bei der Arbeit am Rechenrahmen genau fest: Das linke Bild zeigt die Zahl 0. Das rechte Bild zeigt in der Leserichtung von links nach rechts 5 + 2 = 7. Das Kind kann die Kugeln einzeln abzählen oder die Zahl 7 quasi-simultan als 5 + 2 auffassen („Kraft der 5").

Achtung!

Viele Kinder erkennen und nutzen die für uns so augenfällige „Kraft der 5" nicht von selbst. Thematisieren Sie diese immer wieder und lassen Sie die Kinder ihr Handeln am Rechenrahmen erklären: Ich schiebe fünf Kugeln nach links, dann noch zwei dazu.

Mehr als zehn Objekte kann nur etwa jedes zweite Kind zu Schulbeginn sicher abzählen. Deshalb müssen Sie viele Zählanlässe schaffen mit Anzahlen größer als zehn. Ermöglichen Sie eine Zahlauffassung mit möglichst vielen Sinnen.

- Auditive Zahlauffassung: Sie klatschen oder stampfen für einen Zehner und schnipsen für die Einer.
- Haptische Zahlauffassung: Einerwürfelchen liegen unter einem Tuch verborgen. Das Kind kann die Menge z. B. tastend in Fünfergruppen strukturieren und nennt dann die Zahl.

Nach und nach soll sich das Kind von einer konkreten Mengenrepräsentation lösen. Arbeitsmittel sind nur Brücken zu einer abstrakten Zahlvorstellung.

ZIFFERN SORGFÄLTIG SCHREIBEN

35

> Tipp 14

Nicht lesbare Ziffern (Tipp 14) sind eine vermeidbare Fehlerquelle beim Rechnen. Die anspruchsvollen prozessbezogenen Kompetenzerwartungen dürfen nicht dazu führen, eine sorgfältige Arbeitsweise zu vernachlässigen. Wie soll später millimetergenaues Messen und Zeichnen gelingen, wenn Lehrerin und Kinder keinen Wert auf Sorgfalt legen? Auch das mehrmalige Nachfahren von vorgeschriebenen Ziffern genügt nicht.

Ziffern intensiv im
Klassenverband
einüben

Vielmehr ist das korrekte Schreiben der Ziffern im Anfangsunterricht intensiv im Klassenverband einzuüben. Schreiben Sie die jeweilige Ziffer mehrmals groß an der Tafel vor. Sprechen Sie dazu einen einfachen Vers, der Schreibrichtung und Bewegungsablauf klärt, z. B. bei 1: „Hinauf! Spitze! Hinunter!" Die Kinder schreiben „in der Luft" mit und sprechen mit. Dann schreiben sie die große Eins ebenfalls mit Farbkreide an die Tafel, auf den Schulhof, mit dem Finger auf den Tisch, in eine Schale mit Vogelsand … und schließlich mit verschiedenen Farbstiften auf Papier.

Weitere Sprechverse:
2. Ein halbes Herz, stopp, unten Strich.
3. Bogen oben, stopp, und Bogen unten.
4. Schräg hinunter, stopp, nach rechts, und Strich.
5. Hinunter, stopp, Bogen, und zum Schluss nach rechts.
6. Von oben nach unten und den Kreis schließen.
7. Strich von links nach rechts, schräg hinunter und Strich.
8. Heran, heran, ich fahre mit der Achterbahn.
9. Mit Schwung nach links und tief hinunter.
0. Links herum mit Schwung.

Gleich mal ausprobieren

Besonders beliebt sind Rückenbilder. Wenn ein Kind eine Arbeit beendet hat, macht es einen „Museumsrundgang" durch die Klasse und beobachtet die anderen bei der Arbeit, bis ein zweites Kind aufsteht. Die beiden gehen in eine ruhige Ecke. Ein Kind schreibt seinem Partner mit dem Finger eine Ziffer auf den Rücken. „Errät" dieser die Ziffer, schreibt er. Später können sich die Kinder gegenseitig auch Rechnungen wie 4 + 3 auf den Rücken schreiben.

36

Beim Halbieren lernen die Kinder gerade und ungerade Zahlen zu unterscheiden. Das Begriffsverständnis „gerade/ungerade Zahl" lässt sich gut mit Lego-Steinen zeigen: gerade Zahl: gerader Strich ungerade Zahl: ungerader Strich

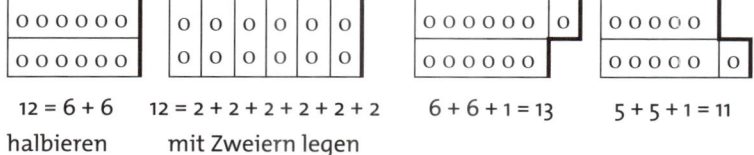

12 = 6 + 6	12 = 2 + 2 + 2 + 2 + 2 + 2	6 + 6 + 1 = 13	5 + 5 + 1 = 11
halbieren	mit Zweiern legen		

In den folgenden Schuljahren ist das Zahlennetzwerk weiter auszubauen, im 2. Schuljahr bis 100, im 3. Schuljahr bis 1000 und im 4. Schuljahr bis 1 000 000. Eine offene Aufgabe dazu ist der tägliche Zahlensteckbrief, der bei jedem Kind unterschiedlich ausfallen kann.

Gleich mal ausprobieren

Die Zahl des Tages: 48

4 Z 8 E	30 + 18	gerade Zahl	8 · 6
40 + 8	60 − 12	48 = 2 · 24	3 · 16
50 − 2	100 − 52	100 − 50 − 2	4 · 12
45 + 3	…	6 · 8	…

37

Achtung!

Alle Kinder sollten am Ende des 1. Schuljahres alle Zerlegungen aller Zahlen bis 10 und alle Aufgaben des kleinen Einspluseins und Einsminuseins im Zahlenraum bis 10 auswendig wissen.

Zerlegen der Zahlen
als Fundament

❯ Tipp 43, 45

Das Zerlegen der Zahlen ist das Fundament für das additive Rechnen und ist damit ein Dreivierteljahr lang eines der wichtigsten Themen, das Sie immer wieder aufgreifen und beim täglichen Kopfrechnen (Tipp 43, 45) sichern müssen.

Übungen zum schnellen Sehen und zum Verinnerlichen der Zahlzerlegungen

1. *Zerlegen der Zahl 10 an den Händen mit einem Stift:* Das Kind legt beide Hände mit ausgestreckten Fingern, Daumen an Daumen, auf den Tisch. Leserichtung ist wie üblich von links nach rechts: Der kleine Finger der linken Hand ist der erste Finger, der Daumen der rechten Hand der sechste Finger usw. Schieben Sie (oder ein anderes Kind) einen Stift zwischen Zeige- und Mittelfinger der rechten Kinderhand und zerlegen 10 in 7 und 3. Das Kind nennt möglichst schnell (um Zählen zu reduzieren) die beiden Summanden 7 und 3. Die Lösung „drei, sieben" wird zu diesem Zeitpunkt nicht akzeptiert, weil sie gegen die Leserichtung verstößt.

2. *Zerlegen der Zahl 10 an den Händen ohne Stift:* Beide Hände liegen wie bei 1) auf dem Tisch. Nun wird die Zahlzerlegung nicht mehr mit einem Stift angezeigt, sondern Sie sagen die erste Zahl, das Kind nennt die Ergänzung bis 10.

3. *Zerlegen der Zahl 10 an verdeckten Händen:* Die Hände werden mit einem Tuch abgedeckt. Sie sagen die erste Zahl und das Kind nennt die Ergänzung bis 10. Wenn das Kind seine Finger unter dem Tuch „tanzen" lässt, zeigt es, dass es noch die Finger braucht. Wechseln Sie dann zwischen Übung 2 und 3, bis das Kind zunehmend sicherer ist.

4. *Zerlegen weiterer Zahlen:*

- Aliens haben nur 4 Finger an jeder Hand, insgesamt also 8 Finger. Machen wir's wie die Aliens: 3, 5 – 4, 4 – 1, 7 – ...
- 2 Kinder legen ihre 4 Hände nebeneinander, 20 Finger: 13, 7 – 10, 10 – 4, 16 – ...
- Stell dir vor, 10 Kinder sitzen nebeneinander, 100 Finger liegen auf dem Tisch: 30, 70 – 10, 90 – 99, 1 ... 75, 25 – 51, 49 – ... (nach Schipper 2005, 42 f.)

DIE VERFLIXTE NULL ERKLÄREN

38

Es ist zwischen der Null als Ziffer und der Null als Zahl zu unterscheiden. Die Null als Ziffer ermöglicht die Darstellung sämtlicher Zahlen mit nur zehn Symbolen (Tipp 44). Die Frage „Wie viele?" (Kardinalzahlaspekt) stößt bei der Null auf die Besonderheit, dass „nichts" zum Zählen da ist. Bei einer Umfrage können Sie im 1. Schuljahr den Kindern zeigen, dass sie die Null trotzdem zum Aufschreiben einer Anzahl verwenden können: Wie viele Kinder haben für die Pause ein Brot dabei, einen Apfel, eine Banane ...? Für „kein Kind" schreiben wir „0 Kinder".

❯ Tipp 44

Für das Rechnen mit der Null (Rechenzahlaspekt) gelten besondere Regeln, die sich gut an „schönen Päckchen" (Tipp 47) mit mehreren Zahlbeispielen zeigen lassen:

❯ Tipp 47

Null als Ergebnis	Null als Subtrahend	Null als Summand
4 – 4 =	4 – 3 = 1	0 + 1 =
3 – 3 =	4 – 2 = 2	0 + 2 =
2 – 2 =	4 – 1 = 3	0 + 3 =
1 – 1 =	4 – 0 = 4	0 + 4 =

Null als Faktor: $3 \cdot 0 = 0 + 0 + 0$
Während $0 : 3 = 0$, kann durch Null nicht geteilt werden. Denn 3 Bälle verteilt an 0 Kinder geht nicht.

39

Bis in die Sekundarstufe haben Kinder Probleme mit dem Gleichheitszeichen.

Gleich mal ausprobieren

> Tipp 24

Machen Sie mit Ihrer Klasse den Weißblatttest (Tipp 24): Was weißt du über das Gleichheitszeichen? Anschließend lösen die Kinder die Aufgaben von der Tafel.

$5 + 1 = 6 + 4 = 10 + 3 = 13$ Richtig oder falsch? Warum?

Setze richtig ein: +/–/=   2__5__10__3

Kinder verstehen das Gleichheitszeichen vor allem als Handlungszeichen, als „ergibt" (algorithmischer Aspekt). Dies behindert jedoch später den Übergang zur Algebra. Deshalb muss in der Grundschule auch die Vorstellung als Beziehungszeichen (Relationszeichen) aufgebaut werden in der Bedeutung von „ist dasselbe wie": Auf beiden Seiten des Gleichheitszeichens können stehen

■ verschiedene Ausdrücke für dieselbe Zahl,
■ verschiedene Rechenaufgaben mit demselben Ergebnis.

$3 + 9 = 9 + 3$ $49 + 43 = 50 + 42$

Hilfen zum Verstehen geben

Hilfen zum Verstehen als Relationszeichen:

■ Sprechen Sie Gleichheit beim Zerlegen von Zahlen und beim Rechnen an: 8 ist das Gleiche wie $5 + 3$, $4 + 4$, $10 - 2$, $2 \cdot 4$, $40 : 5$ … Mit einer Balken-, Tafelwaage oder Wippe lässt sich das Gleichgewicht veranschaulichen sowie mit dem Merksatz: „Setz ich ein = Zeichen ein, muss links und rechts das Gleiche sein." (Schmidt 2015 a, 130)

■ Weisen Sie auf die Gleichheit bei Rechengesetzen hin: $3 + 5 = 5 + 3$ (Kommutativität, Tauschaufgaben) $49 + 43 = 50 + 42$ (gegensinniges Verändern)

Achtung!

Alle Kinder sollten am Ende des 1. Schuljahres alle Additions- und Subtraktionsaufgaben mit Zehnerüberschreitung mithilfe operativer Strategien (das Verdoppeln bzw. Halbieren nutzen sowie schrittweises Rechnen) lösen.

Schwache Rechner sind mit mehreren Strategien jedoch überfordert. Für sie eignet sich einzig das schrittweise Rechnen, da es universell – also für alle Zahlen gültig – und fortsetzbar ist beim Rechnen bis 100 und 1 000.
Beim schrittweisen Rechnen wird der zweite Summand bzw. Subtrahend zerlegt:

$6 + 8 = ...$	$14 - 6 = ...$	$48 + 34 = ...$	$86 - 38 = ...$
$6 + 4 + 4 = ...$	$14 - 4 - 2 = ...$	$48 + 30 + 4 = ...$	$86 - 30 - 8 = ...$
$10 + 4 = 14$	$10 - 2 = 8$	$78 + 4 = 82$	$56 - 8 = 48$

Das Verdoppeln dagegen liegt nur dann nahe, wenn beide Summanden nahe beieinander liegen, und ist somit nicht universell.

$6 + 8 = ...$	$14 - 6 = ...$	$25 + 28 = ...$	$50 - 28 = ...$
$6 + 6 + 2 = ...$	$14 - 7 + 1 = ...$	$25 + 25 + 3 = ...$	$50 - 25 - 3 = ...$
$12 + 2 = 14$	$7 + 1 = 8$	$50 + 3 = 53$	$25 - 3 = 22$

Achtung!

Alle Kinder sollten am Ende des 1. Schuljahres
- Additions- und Subtraktionsaufgaben des Typs ZE ± E im Zahlenraum von 10 bis 20 mithilfe von Analogien lösen: $14 + 3 = 17$, weil $4 + 3 = 7$,
- Subtraktionsaufgaben des Typs ZE – ZE auch mithilfe des Ergänzens lösen: $18 - 16 = 2$, weil $16 + 2 = 18$.

Nach dem anschaulichen Handeln werden die Aufgaben ohne Material automatisiert. Ableitungsstrategien machen Beziehungen zwischen Zahlensätzen bewusst und unterstützen das Einprägen des Einspluseins. Das Ableiten von einer leichteren Aufgabe gelingt den Kindern jedoch nur, wenn Sie ihnen diese Strategien (kindgemäße Rechentipps, -tricks) bewusst machen und intensiv trainieren. Dazu nennen Sie beim Kopfrechnen (Tipp 43, 45) zuerst die leichte, dann die schwierigere Aufgabe oder Sie zeigen entsprechende Aufgabenkarten (Einmaleins Tipp 70).

❯ Tipp 43, 45

❯ Tipp 70

	ergänzen	wegnehmen
$4 + 3 = 7$		
$14 + 3 = 17$	$6 + ? = 8$	$8 - 6 = ?$
später: $54 + 3 = 57$	$6 + 2 = 8$	$8 - 6 = 2$
$254 + 3 = 257$	$16 + ? = 18$	$18 - 16 = ?$
kleine/große Aufgabe	$16 + 2 = 18$	$18 - 16 = 2$

MERKPLAKATE ENTWERFEN

41

❯ Tipp 40

Halten Sie erarbeitete Rechenstrategien (Tipp 40) auf einem Merkplakat fest, um die Kinder an das langfristige Anwenden zu erinnern. Dazu werden Merksätze mündlich formuliert, z. B.: Das Doppelte von 6 ist 12. 7 ist um 1 größer als 6. Also ist auch das Ergebnis von 7 + 6 um 1 größer als 12.
Doch sind grafische Darstellungen mit einfachen Zahlen als Anker und Stichwörtern einprägsamer als umfangreiche Merksätze.

Einfache Zahlen und Stichwörter statt umfangreiche Merksätze

Beispiele:

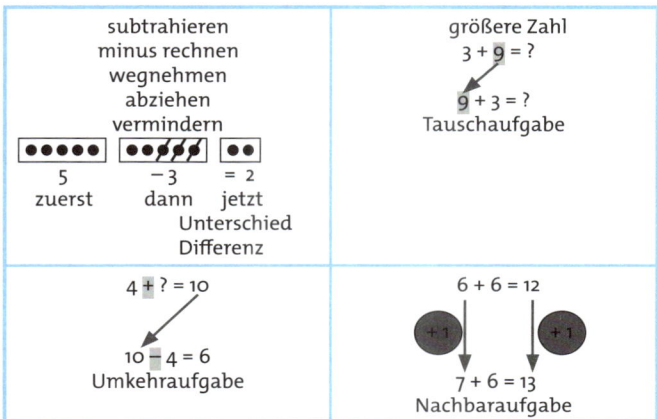

subtrahieren minus rechnen wegnehmen abziehen vermindern	größere Zahl $3 + 9 = ?$ $9 + 3 = ?$ Tauschaufgabe
4 + ? = 10 10 − 4 = 6 Umkehraufgabe	6 + 6 = 12 7 + 6 = 13 Nachbaraufgabe

Gleich mal ausprobieren

Die Kinder formulieren mit eigenen Worten einen Merksatz oder entwerfen ein entsprechendes Plakat. Das hilft ihnen, den Lerninhalt zu verankern. Anschließend wird nach dem Ich-Du-Wir-Prinzip (Tipp 51) gemeinsam eine einprägsame Lösung erarbeitet, die an der Pinnwand ausgehängt wird.

❯ Tipp 51

FAKTENWISSEN AUTOMATISIEREN

Achtung!

Alle Kinder sollten am Ende des 1. Schuljahres alle Aufgaben zum Verdoppeln und Halbieren im Zahlenraum bis 20 auswendig wissen.

42

Nachdem das Verständnis gesichert ist, werden folgende Aufgaben so lange geübt, bis die Kinder sie auswendig wissen:
- Zerlegungen aller Zahlen bis 10
- Eins-Plus-Eins im Zehnerraum
- Zerlegungsaufgaben zur 10 wie 1 + _ = 10, 2 + _ = 10 ...
- Aufgaben mit 10 wie 10 + 1, 10 + 2, 10 + 3, 4 + 10, 7 + 10 ...
- Verdopplungsaufgaben wie 6 + 6, 7 + 7, 8 + 8 ...

Täglich Grundwissentraining durchführen

Das Auswendigwissen ist das ökonomischste Lösungsverfahren. Denn: Es hält den Kopf frei für anspruchsvollere Aufgaben. So können Sie das tägliche Grundwissentraining durchführen:

- Wochenplan: Die Kinder bearbeiten einen Wochenplan mit Aufgaben zum Grundwissen in der Schule oder zu Hause. Besprechen Sie die Aufgaben am Ende der Woche.
- In der Kartei „Mathe-Raketen" finden Sie für jede Klassenstufe offene Aufgaben (Tipp 47) zum Grundwissen, z. B.: Finde Mal-Aufgaben, bei denen das Ergebnis kleiner als 30 ist. Wie viele Aufgaben kannst du in 15 Minuten notieren? Überlege dir 10 Minusaufgaben. Verwende schwierige Zahlen. In einer Zahl muss die Null vorkommen. Rechne und markiere die schwerste Aufgabe rot. (http:// grundschullernportal.zum.de/wiki/Mathe-Raketen)

❯ Tipp 47

Achtung!

❯ Tipp 58, 59

Stellen Sie beim Grundwissentraining Lernprobleme (Tipp 58, 59) fest, müssen Sie gezielte Hilfen zum Verständnis geben. Denn: Mangelndes Verständnis lässt sich nicht durch «mehr Üben» beheben.

KOPFRECHNEN NICHT VERGESSEN

43

❯ Tipp 42, 45

Gestalten Sie das Kopfrechnen (Tipp 42, 45) so, dass wirklich alle mitrechnen. Dabei ist Ruhe angesagt und die Kinder dürfen keine Zwischenfragen stellen.

Sie schreiben eine Aufgabe an die Tafel und die Klasse liest die Aufgabe laut. Dann trägt jedes Kind das Ergebnis auf einem Kopfrechenblatt ein. So geht es Aufgabe für Aufgabe weiter. Zum Schluss schreiben Sie die Ergebnisse an die Tafel. Die Kinder vergleichen und notieren die Zahl ihrer richtigen Lösungen.

| | Ergebnis von Aufgabe | | | | | | | | | | Richtig | Unter-schrift Eltern |
Datum	1	2	3	4	5	6	7	8	9	10		

Mit dem Blitzrechenmaterial aus dem Programm „mathe 2000" können Sie das „schnelle Kopfrechnen" zunächst anschaulich, dann formal üben: http://pikas.dzlm.de/material-pik/ausgleichende-foerderung/haus-3-unterrichts-material/blitzrechen-plakate/index.html

DAS DEZIMALE STELLENWERTSYSTEM

44

Im 2. Schuljahr sind folgende Schritte wichtig:

Bündeln mit unstrukturiertem Material
Verteilen Sie zur Einführung in den Zahlenraum bis 100 (Tipp 62) in der Klasse verschieden große Mengen (Plättchen, Würfel, Muggelsteine, Kastanien, Bohnenkerne, Kronkorken, ...). Die Kinder sollen herausfinden, wie viele Dinge es sind, und sie sollen die Dinge so hinlegen, dass jeder die Anzahl schnell sehen kann. Anschließend vergleichen und begründen die Kinder ihre Zählweise: Wie viele Dinge liegen in einer Reihe oder in einem Päckchen? Warum sind Zehnerreihen leichter zu zählen als Fünfer-, Neuner- oder Elferreihen? Zunächst schreiben die Kinder die Zahlen nur in die Stellentafel. Beim Eintragen der Ergebnisse ist nicht nur für Kinder mit unsicherer Rechts-links-Unterscheidung eine farbige Kennzeichnung hilfreich.

❯ Tipp 62

ZEHNER BLAU	EINER GRÜN
5	2

Begriff Stellentafel statt Stellenwerttafel verwenden

Nebenbei: Der Begriff „Stellentafel" statt „Stellenwerttafel" ist einfacher und wird auch in der Fachdidaktik mitunter verwenden

Wie müsste ich es aufschreiben, wenn es 2, 5, 10 Würfel, Steine ... mehr/eine Zehnerstange mehr/weniger wären?

Gleich mal ausprobieren

So fällt den Kindern das **grafische Bündeln** leicht: Sie verbinden zuerst fünf Elemente mit einem Strich und kreisen dann zwei Fünfer ein.

Bündeln und Entbündeln mit strukturiertem Material
(Mehrsystemblöcke, Perlenmaterial von Montessori)
- Die Kinder legen je zehn Würfel in eine Reihe und tauschen sie in Zehnerstangen um.
- Es folgen mehrere Übungen zur Zahlauffassung (einer Menge die passende Notation mit Zehnern und Einern zuordnen) und zur Zahldarstellung (eine Notation mit der entsprechenden Menge darstellen).
- Legen Sie am Overheadprojektor z. B. vermischt 4 Zehnerstangen und 12 Einerwürfel und führen Sie mit dieser unvollständig gebündelten Menge zum stellengerechten Legen hin: die Zehnerstangen links auf ein blaues Heft die Einerwürfel rechts auf ein grünes Heft.
- Geben Sie zum Entbündeln eine zwingende Aufgabe vor, z. B. von 5 Zehnerstangen sollen 3 Einer weggenommen werden. Dazu muss man einen Zehner in Einer tauschen.

Die gegenläufige Sprech- und Schreibweise klären
Wir sprechen zuerst die Einer, dann die Zehner:
zwei-und-fünfzig ⬅➡52

Aber: Wir schreiben immer zuerst die Zehner, dann die Einer. Folgende Hilfen zum Einüben können Sie geben:
- 52 = 50 + 2 ist das Gleiche wie 2 + 50 zwei-und-fünfzig
- Überbetontes Sprechen der Zehner: zwei-und-<u>fünfzig</u>
- Hörtraining: Nennen Sie mehrere Zahlen, die Kinder geben jeweils nur die Zehner an.
- Zu gelegten Mengen Stellenwertkarten legen: Für 52 legt das Kind zuerst die Zehnerkarte 50, dann die Einerkarte 2 auf die Null.

Achtung!

Die Kinder sollen keinesfalls zuerst die Einer schreiben und dann die Zehner. Denn:
- Dies würde Zahlendreher (25 statt 52) begünstigen.
- Dies würde zu Tippfehlern beim Eingeben in den PC führen.

Verinnerlichen
- Stell dir vor, ich habe 3 Zehnerstangen und 7 Einerwürfel. Wie heißt die Zahl?
- Ich habe 3 Zehner und 27 Einer. Wie heißt die Zahl?
- 49 – Wie viele Zehnerstangen, wie viele Einerwürfel „siehst" du in deinem Kopf?

Am Rechenrahmen bis 20 und 100 (Tipp 34) lassen sich Zahlen schnell darstellen. Er eignet sich gut zum „schnellen Sehen" von Zahlen und zum Darstellen der Operationen.

❯ Tipp 34

(Fotos Rechenrahmen: www.betzold.de)

▶ Tipp 22

Achtung!

An der Hundertertafel (Tipp 22) können die Kinder gut Strukturen und Gesetzmäßigkeiten entdecken. Zur Einführung in das Stellenwertsystem eignet sie sich jedoch ebenso wenig wie der Zahlenstrahl. Der Zahlenstrahl zeigt die Zahlenfolge und betont damit das ordinale Verständnis. Setzen Sie diese Materialien deshalb erst nach dem Bündeln ein.

Am Ende des 2. Schuljahrs sollten die Kinder die Zahlwortreihe bis (mindestens) 100 vor- und rückwärts aufsagen können. Ebenso sollten sie die Vorgänger und Nachfolger von Zahlen mühelos angeben können.

PLUS UND MINUS BIS 100 ÜBEN

45

Strategien anwenden lassen

Im 1. Schuljahr können die Kinder Additions- und Subtraktionsaufgaben zählend rechnen, ohne dass sie dazu viel länger brauchen als Kinder, die operative Strategien nutzen. Im Zahlenraum bis 100 benötigt zählendes Rechnen jedoch erheblich mehr Zeit. Achten Sie deshalb darauf, dass die Kinder folgende Strategien verstanden haben.

- **Analogien** bilden:
  $4 + 3 \rightarrow 40 + 30$, $10 \pm 6 \rightarrow 20/30/40 \ldots \pm 6$
  $4 + ? = 10 \rightarrow 40 + ? = 100$, $10 - 3 \rightarrow 100 - 30$
- Zuerst lösen die Kinder eine Rechnung **mit Material** und beschreiben genau, was sie tun, z. B. 56 + 7: „Ich lege 5 Zehnerstangen (links) und 6 Einer (rechts). Dann lege ich 4 Einer dazu und habe 60 (den neuen Zehner zu den Zehnern schieben). Zu 60 lege ich 3 und habe jetzt 63." Danach wiederholt das Kind die Schritte in Kurzform: 56, 60, 63.
- Im nächsten Schritt legen die Kinder nur die Ausgangsmenge und beschreiben die Handlung, ohne zu legen (EIS-Prinzip Tipp 19). Hat ein Kind Schwierigkeiten beim Zehnerübergang, prüfen Sie: Beherrscht das Kind

▶ Tipp 19

die Zahlzerlegungen bis 10, den Übergang über den ersten Zehner (7 + 8, 15 – 8), das Ergänzen zum Zehner (56 + ? = 60)? Auch der **Rechenstrich** hilft beim Lösen der Teilaufgaben:

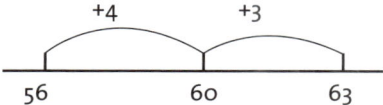

- Aufgaben wie 56 ± 30 (ZE ± Z) lösen die Kinder mit den Mehrsystemblöcken oder der Hundertertafel. Dort zeigen sie die Zahl 56 und gehen drei Zehner weiter bzw. zurück.

Automatisieren Sie nach dem Legen mit Material und Zeichnen von Zehnerstrichen und Einerpunkten folgende Lerninhalte:
- Ergänzen auf 100 (56 + ? = 100),
- Verdoppeln (28 + 28 = 20 + 20 + 16 = 25 + 25 + 6) und Halbieren (56 = 50 + 6 → 25 + 3 → 56 : 2 = 28),
- Zerlegen von Zehnerzahlen (70 = 50 + 20, ... 70 = 53 + 17 ...)

Die größere Zahl immer nach vorne!	Zehnerzahlen bilden!	Bei nahen Zahlen ergänzen!
7 + 46	8 + 15 + 12	71 – 68
		8 **+ 3** = 11
46 + 7	**20** + 15	68 **+ 3** = 71

- Gegen Ende des 2. Schuljahres sollten die Kinder die schwierigen Aufgaben des Typs ZE ± ZE mit Zehnerübergang wie 56 ± 38 beherrschen. Auch hier hilft der Rechenstrich sowie das Sprechen und Notieren der Schritte in Kurzform: 56, 86, 90, 94.
- Geben Sie zum Üben Aufgaben mit Platzhalter: a + ? = b, ? + a = b, a – ? = b, ? – a = b
- Regen Sie die Kinder immer wieder zu geschicktem Rechnen (Tipp 71) an.

❯ Tipp 71

In nichts zeigt sich der Mangel an mathematischer Bildung
mehr als in einer übertrieben genauen Rechnung.
Carl Friedrich Gauß

Im Alltag – etwa beim Einkaufen – verwenden wir oft gerundete Zahlen, um sie leichter vergleichen und sie sich besser merken zu können. Warum ist das Überschlagen – das Rechnen mit runden Zahlen – so wichtig?

- Die Kinder sollen vor der genauen Rechnung die Größenordnung des Ergebnisses kennen, um grobe Fehler sofort zu entdecken.
- Bei Kommazahlen sind Stellenwertfehler besonders häufig.
- Kontrolle von mit dem Taschenrechner und Computer ermittelten Ergebnissen

Auch wenn Kinder den Überschlag oft als lästige Zusatzrechnung empfinden, sollten Sie das Überschlagen regelmäßig trainieren. Denn: Überschlagen schult den kritischen Blick auf Zahlen und ist damit eine wichtige Fähigkeit des mündigen Bürgers.

Eine gute Vorübung zum Runden ist das Bestimmen von Vorgänger- und Nachfolgerzahlen und Markieren der näher liegenden Zahlen, z. B.:

Vorgänger-Hunderter	Vorgänger-Zehner	Zahl	Nachfolger-Zehner	Nachfolger-Hunderter
300	320	327	330	400

Bei großen Zahlen ist einiges Nachdenken erforderlich:

Vorgänger	50 000	57 000	57 800	57 840	57 842	57 843
Nachfolger	57 843	57 844	57 850	57 900	58 000	60 000

Gleich mal ausprobieren

Folgende Übungsmöglichkeiten bieten sich an:

Die zu rundende Stelle markieren: Die Kinder unterstreichen die zu rundende Stelle oder setzen einen Punkt darunter. Beim Runden auf Zehner markieren sie die Einer: 327 → aufrunden, 327 ≈ 330

Beim Runden auf Hunderter markieren sie die Zehner: 327 → abrunden, 327 ≈ 300

Überschlag Ü und Ergebnis miteinander vergleichen: Damit die Kinder Überschlag und Ergebnis auch wirklich vergleichen, lasse ich sie den Unterschied zwischen Überschlag und Ergebnis aufschreiben, z. B.:

Ü 480 + 290 = 770   483 + 285 = 768   Unterschied: **2**

Dabei wird geklärt: Beim Runden auf Zehner muss der Unterschied kleiner als 10 sein, beim Runden auf Hunderter kleiner als 100 usw.

Übungen zum Einprägen der Rundungsregeln:

Zu welcher gerundeten Zahl passen diese Zahlen?			Welche kleinste und welche größte Zahl passt zu der gerundeten Zahl?		
	3 550 →		ab ... aufrunden		bis ... abrunden
3 500	3 564	3 600	4 650	4 700	4 749
	3 643			7 400	
←	3 451			5 300	
	3 587			...	
	3 549				
	3 540				

Eintöniges Üben des immer gleichen Aufgabentyps bringt wenig. Denn die Kinder, die die Struktur verstanden haben, langweilen sich und die anderen arbeiten weiterhin fehlerhaft. Bei produktivem oder intelligentem Üben werden dagegen bekannte Inhalte immer wieder neu umgewälzt.

Operativ strukturierte Übungen: Entdecker-Päckchen

Die Aufgaben eines Entdecker-Päckchens hängen zusammen. Die Kinder sollen das Muster erkennen und seine Struktur beschreiben. Daraus ergibt sich zugleich die Möglichkeit zur Selbstkontrolle.

❯ Tipp 27 Wie jeden neuen Aufgabentyp (Tipp 27) müssen Sie auch dieses Übungsformat mit den Kindern besprechen. Nicht alle Kinder entdecken das Muster von selbst.

Gleich mal ausprobieren

Welches Päckchen ist ein Entdecker-Päckchen?

○ $25 - 11 = \ldots$ ○ $85 - 10 = \ldots$ ○ $89 - 4 = \ldots$
  $68 - 35 = \ldots$ $80 - 10 = \ldots$ $48 - 7 = \ldots$
  $91 - 50 = \ldots$ $75 - 10 = \ldots$ $57 - 5 = \ldots$

Was kannst du am Entdecker-Päckchen sehen?
Die erste Zahl ... (wird immer um 5 kleiner.)
Die zweite Zahl ... (ist immer gleich.)
Das Ergebnis ... (wird immer um 5 kleiner.)
Wie geht es weiter? → $70 - 10$, $65 - 10$, $60 - 10$ ...
Warum ist das so? → Wenn die erste Zahl immer um 5 kleiner wird und die zweite Zahl gleich bleibt, muss auch das Ergebnis immer um 5 kleiner werden.
Nebenbei: Solche Sätze zeigen die Grenzen des Argumentierens in der Grundschule. Notieren Sie deshalb solche Begründungen auch in Kurzform:

erste Zahl -5	zweite Zahl immer gleich	Ergebnis -5

Ist das immer so? → So prüfe ich nach: Ein Päckchen mit anderen Zahlen nach diesem Muster aufschreiben, z. B.:
$100 - 5$, $90 - 5$, $80 - 5$, $70 - 5$ ...
Anfangs sind aushängende Formulierungshilfen günstig:

Die erste Zahl ...	Die zweite Zahl ...	Das Ergebnis ...
	... bleibt gleich.	
	... wird um ... größer.	
	... wird um ... kleiner.	

Problemstrukturierte Übungen

Bei diesen Zahlenketten ist wie bei der Fibonacci-Zahlenreihe jede Zahl die Summe der beiden vorhergehenden Zahlen: $\boxed{2}\,\boxed{10}\,\boxed{12}\,\boxed{22}$ oder $\boxed{8}\,\boxed{4}\,\boxed{12}\,\boxed{16}$

Die Kinder lösen meist probierend (oder rückwärts rechnend) die Problemstellung: Wähle beide Startzahlen so, dass du möglichst nahe an die Zielzahl 20 herankommst (z. B. $\boxed{5}\,\boxed{8}$ $\boxed{13}\,\boxed{21}$, $\boxed{5}\,\boxed{7}\,\boxed{12}\,\boxed{19}$).
Kannst du 20 genau erreichen? (z. B. $\boxed{6}\,\boxed{7}\,\boxed{13}\,\boxed{20}$)
Finde weitere Möglichkeiten, 20 zu erreichen (z. B. $\boxed{4}\,\boxed{8}\,\boxed{12}\,\boxed{20}$, $\boxed{5}\,\boxed{9}\,\boxed{11}\,\boxed{20}$)

Sachstrukturierte Übungen

Das Zerlegen von Geldbeträgen (Tipp 88) z. B. ist anwendungsorientiertes Üben mit lebenspraktischer Bedeutsamkeit: Wie kannst du 10 ct, 1 €, 10 € ... bezahlen? Finde verschiedene Möglichkeiten.

❯ Tipp 88

Offene Aufgaben

Je nachdem, was geübt werden soll, geben Sie als Rahmen Operationen, Zahlenräume, bestimmte Zahlen ... vor, z. B.:
- Schreibe fünf Plusaufgaben auf. Das Ergebnis soll zwischen 100 und 110 liegen.
- Erfinde schriftliche Additionen. Das Ergebnis soll kleiner als 1 000 sein.

Die Kinder können innerhalb des Rahmens durch die Wahl der Zahlenwerte (z. B. mit oder ohne Zehnerübergang) den Schwierigkeitsgrad selbst bestimmen und sich so selbst differenzieren. Solche Aufgaben können Sie selbst gestalten oder in Schulbüchern und im Internet finden, z. B.:
- KIRA: Kinder rechnen anders. www.kira.uni-dortmund.de
- PIK AS: Kooperationsprojekt zur Weiterentwicklung des Mathematikunterrichts an Grundschulen. www.pikas.uni-dortmund.de

48

Eine entspannte Atmosphäre ist eine Voraussetzung für die Motivation zum Lernen. Wertschätzung oder positive emotionale Zuwendung umfasst Verständnis, Anerkennung, Höflichkeit, Optimismus, liebevolle Wärme ... Sprechen Sie so mit den Kindern, dass diese sich angenommen fühlen – auch in schwierigen Situationen. Humor und gelegentliche Scherze – aber nie auf Kosten eines Kindes – lockern zusätzlich auf.

Eine häufige Klage von Kindern ist: Wenn ich mich melde, komm ich nie (!) dran. Abhilfe: Schöner als eine Strichliste an der Tafel ist: Wer gesprochen hat, holt sich einen Muggelstein oder bekommt ihn von Ihnen.

Gleich mal ausprobieren

Gerade die Kinder, die es bitter nötig hätten, passen oft nicht auf. Wie können Sie sie in den Unterricht einbinden? Rufen Sie auch Kinder auf, die sich nicht melden. Wenn ein Kind keine Antwort weiß, ruft es selbst einen Helfer (Joker) auf. So wird es ohne Tadel integriert und auch die Aufmerksamkeit der anderen ist erhöht.

❯ Tipp 56
Verständnisvoll mit Fehlern und Nicht- Können umgehen

Ferner ist ein verständnisvoller Umgang mit fehlerhaften Äußerungen, Fehlern (Tipp 56) und Nicht-Können zentral für ein angstfreies Klima.

KINDERBEITRÄGE VERBESSERN

49

Um die Kinder allmählich zum selbstständigen Kommunizieren hinzuführen, müssen Sie anfangs als Modell das Gespräch steuern. Geduld und ausreichend viel Zeit sind dabei nötig. Weitere Tipps für ertragreiche Gespräche (Lehrersprache Tipp 16):

❯ Tipp 16

- Ein Gespräch will nicht in Gang kommen. Schalten Sie ein Partnergespräch vor. Ist auch das erfolglos, verzichten Sie dieses Mal auf ein Gespräch. Besser als ein erzwungenes Gespräch ist dann eine Lernaufgabe oder ein kurzer Lehrervortrag (Tipp 23). ❯Tipp 23

- Ein Gespräch tritt auf der Stelle. Fassen Sie bisherige Äußerungen zusammen („Das habt ihr bisher herausgefunden ...") und visualisieren Sie diese an der Tafel (Tipp 28). ❯Tipp 28
- Vor der Klasse reden manche Kinder zu leise oder auch undeutlich. Wer einen Sprecher nicht verstanden hat, legt seine Hand ans Ohr und gibt so dem Sprecher eine nonverbale Rückmeldung.
- Eine langatmige Erklärung führt zu Unruhe. Zeigen Sie dann auf eine Bildkarte „Komm auf den Punkt." oder erinnern Sie den Dauerredner mit einer Geste: Bewegen Sie beide Handflächen aufeinander zu und pressen Sie so die Rede zusammen.

- Andere Kinder dagegen äußern sich beim Argumentieren zu knapp. So können Sie mit einer Geste die Kinder zu ausführlichem Sprechen in ganzen Sätzen anregen: Halten Sie die Hände vor Ihr Gesicht und führen Sie diese auseinander, als ob sie ein Band dehnen würden.
- Damit sich fehlerhafte Sprachverwendungen (Tipp 31) nicht verfestigen, müssen Sie gegebenenfalls einen Fehler korrigieren. Häufiges Verbessern ihrer Beiträge entmutigt jedoch die Kinder. Wiederholen Sie deshalb den Kinderbeitrag in korrekter Form: „Du willst sagen: ... Habe ich dich so richtig verstanden?" ❯Tipp 31

  Implizite Korrektur vornehmen
- Heben Sie gelungene Kinderbeiträge mit einer passenden Rückmeldung hervor, z. B.: „Das beantwortet genau unsere Frage. – Das hilft uns gut weiter. – Das müssen wir uns alle gut merken ..."
- Wichtige Erkenntnisse sprechen die Kinder im Chor nach und wiederholen sie dem Partnerkind. Das ist mehr als bloßes Einprägen. Vielmehr erhalten die Kinder dadurch Sprachmuster zum Erklären und Begründen.

Nach dem Motto „Viel bewegen – besser lernen" sollten Sie konsequent eine tägliche Bewegungszeit von mindestens 5, besser 10 bis 15 Minuten einplanen. Ein Symbol für Ihren Tagesplan erinnert Sie ans Umsetzen. So können Sie die Bewegung auf Mathematik abstimmen:

Zehn Schritte (1. Schuljahr)

Im Schulhof oder in der Sporthalle stehen die Kinder an einer (gemeinsamen) Startlinie. Zeigen Sie z. B. die Zahl 5 mit den Fingern. Daraufhin gehen die Kinder fünf Schritte vorwärts und zählen laut dazu. Anschließend gehen sie rückwärts und zählen rückwärts. Variieren Sie die Bewegungsform, z. B.: Riesen-/Trippelschritte, Schluss-/Einbeinsprünge …

Zahlenfreunde (1.–4. Schuljahr)

Material: Zahlenkarten, die jeweils paarweise einen vollen Zehner, Hunderter oder Tausender ergeben

Jedes Kind bewegt sich mit seiner Zahlenkarte im Raum. Auf ein Zeichen bleibt jeder stehen und sucht seinen Partner. Die ersten drei Paare legen ihre Karten ab und prüfen die Zuordnung bei den anderen Kindern. Die Paare legen ihre Karten ab, trennen sich, nehmen eine neue Karte und gehen erneut auf Partnersuche.

Einmaleinsreihen (ab 2. Schuljahr)

Legen Sie eine Einmaleinsreihe fest, z. B. das $1 \cdot 4$. In der Sporthalle gehen die Kinder – ohne sich zu behindern – durch den Raum und zählen fortlaufend ab 1 bis 40 zum Rhythmus der Schritte. Bei jeder Viererzahl (4, 8, 12 …) klatschen, schnipsen oder stampfen sie.

Varianten: rückwärts gehen und zählen – von 20 bis 60 zählen – bei Viererzahlen schnipsen, bei Achterzahlen schnipsen und hüpfen …

Gleich mal ausprobieren

Dieser Vorschlag eignet sich für das 2. bis 4. Schuljahr: Jedem Stellenwert wird eine Bewegung zugeordnet. Sie schreiben eine Zahl an die Tafel und die Kinder bewegen sich entsprechend.

Beispiel: 543 Die Kinder hüpfen fünfmal, machen vier Kniebeugen und klatschen dreimal über dem Kopf. Dann folgen zwei, drei weitere Zahlen.

Mit zusätzlichen Bewegungen können Sie den Zahlenraum erweitern.

DAS ICH-DU-WIR-PRINZIP ANWENDEN

51

> Wie mache ich das?

> Wie machst du das?

> Diesen Weg finde ich am besten, weil ...

Ich Jedes Kind setzt sich selbstständig in Ruhe mit der Aufgabe auseinander und notiert Ideen zum Lösen. Es kann die Aufgabe vollständig lösen, muss dies aber nicht.

Du Je zwei Kinder tauschen ihre Ideen aus und vergleichen sie. Sie versuchen, die Aufgabe gemeinsam – vielleicht auf einer Folie – zu lösen, und halten offene Fragen fest.

Wir Die Paare präsentieren ihre Ergebnisse der Klasse. Verschiedene Lösungen werden verglichen. Aus den Beiträgen aller wird ein gemeinsames Ergebnis erarbeitet.

Vorgegebene Satzanfänge unterstützen das Formulieren eigener Gedanken:

Mir fällt auf, dass ... / Das ist so, weil ... / Ich habe entdeckt, dass ... / Wenn ..., dann ...

Welche Gemeinsamkeiten/Unterschiede erkennst du?

Gleich mal ausprobieren

Beendet ein Kind die Ich-Phase, steht es auf. Steht ein zweites Kind auf, so tun sich beide zusammen. So kann jeder in Ruhe nach seinem eigenen Tempo arbeiten.

GUTE AUFGABEN STELLEN

52

Gute Aufgaben trainieren das flexible Anwenden von Kenntnissen und regen die Kinder an, Beziehungen zu entdecken und zu beschreiben. Über die Rechenübung hinaus fördern sie die prozessbezogenen Kompetenzen wie Argumentieren und Kreativität. Dabei überlagern sich die einzelnen Kompetenzen. Gute Aufgaben „passen" für jedes Kind. Sie lassen sich auf verschiedenen Wegen und Niveaustufen lösen und ermöglichen eine Differenzierung (Tipp 7, 47, 60).

❯ Tipp 7, 47, 60

Beispiel: Finde Zahlen, von denen du drei gleiche Teile bilden kannst. Schreibe die Teile dazu, z. B.:

$9 = 3 + 3 + 3$ $90 = 3 \cdot 30$ $900 : 3 = 300$

Gleich mal ausprobieren

Stellen Sie einmal im Monat oder alle vierzehn Tage — unabhängig vom aktuellen Stoff — eine herausfordernde Aufgabe, die die Kinder im Lauf der Zeit lösen sollen. An der Pinnwand können die Kinder zwischendurch Tipps und Lösungen präsentieren – als Hilfe für andere oder als Anregung, einen noch besseren Lösungsweg zu finden.
Beispiel für eine gute Aufgabe:
„Kann das sein? Alle gepackten Schultaschen eurer Schule wiegen so viel wie ein Pferd." (Schmidt 2015 a, 113) (Tipp 95)

❯ Tipp 95

Weitere Möglichkeiten:
- Modellieren: Die Aussagen als Rechenfragen formulieren. Wie viel wiegt etwa eine Schultasche/ein Pferd? Wie viele Kinder sind an der Schule?

- Darstellungen verwenden: Skizze anfertigen (in die Skizze einer Schultasche, eines Pferdes das Gewicht eintragen). Lösungsweg nachvollziehbar darstellen (Schritt 1, 2 …).
- Problemlösen: Das Problem in Teilprobleme zerlegen (vgl. Rechenfragen).
- Informationen in einer Tabelle strukturieren: Gewicht von 10, 100, … Schultaschen.
- Eine einfache Lösung finden: Mit runden Zahlen rechnen.

MIT ICH-AUFGABEN BEGEISTERN

53

Das Sammeln, Darstellen, Berechnen und Vergleichen von Daten zur eigenen Person ist sehr motivierend. Schließlich geht es um das Thema, das für jeden das wichtigste ist: Das eigene Ich (Regelein 2015 b). Beispiele: Meine Körpermaße, Größe, Gewicht, Schuhgröße, Geburtstag, Schulfächer und Hobbys, Haustiere, Ernährung … (Tipp 94)

> Tipp 94

Aufgabe: Notiere deine Hausnummer und schreibe alles auf, was du über diese Zahl weißt.

Auch Fermi-Aufgaben (Tipp 95) bringen die Kinder zum Staunen: Kann das stimmen? In deinem bisherigen Leben hast du schon mehr als 3 Jahre nur geschlafen.

> Tipp 95

Zu vermeiden sind heikle Themen wie etwa Taschengeld, Noten …

Nutzen Sie „Mathe im Alltag" rund um die Themen Klasse, Stundenplan, Klassenzimmer, Schulhaus, Schuljahr.

„Mathe im Alltag" nutzen

- Sind all unsere aneinander gelegten Mathebücher so lang wie unser Klassenzimmer? (Tipp 11)

> Tipp 11

- Bildet eine Kinderkette rund um euer Klassenzimmer/ um die Turnhalle/um das Schulhaus. Wie viele Kinder müssen sich dazu an den Händen fassen?
- Wie viele Arbeitsblätter etwa bearbeitest du/bearbeitet die Klasse in einem Schuljahr, in der ganzen Grundschulzeit? Wie hoch wäre dieser Papierstoß?
- Wie lang wäre die Autoschlange, wenn alle Kinder der Klasse gleichzeitig mit dem Auto abgeholt werden?

- Wie viele Kinder sind so schwer wie ein Elefant?
- Passt ein Elefant in unser Klassenzimmer?

LERNWEGE REFLEKTIEREN LASSEN

54

Nach und nach sollen die Kinder lernen, selbst Verantwortung für ihr Lernen zu übernehmen. Dazu reflektieren sie über die beiden Fragen: WAS habe ich gelernt? WIE habe ich gelernt?

Für alle Fächer gültige Satzmuster an der Pinnwand helfen beim Formulieren:

> **WAS?**
> Das habe ich neu gelernt: ...
> Das finde ich wichtig: ...
> Diese Frage habe ich noch: ...
> Das ist mir (noch nicht so) gut gelungen: ...
> Das interessiert mich noch genauer: ...
>
> **WIE?**
> Wie habe ich gelernt? ...
> Das fand ich leicht/schwierig: ... Warum?
> Das fand ich interessant: ...
> Das hat mir beim Lernen geholfen: ...
> Das hat mich gefreut/geärgert: ...
> So könnte ich das auch lernen: ...

Geben Sie am Anfang nur wenige Satzanfänge vor.

> Tipp 10

Über die Selbsteinschätzung mit Smileys hinaus (Tipp 10) sind weitere Formen in der Grundschule praktikabel.

> Tipp 4

- *Blitzlicht:* Am Stundenende (Tipp 4) formulieren die Kinder ihre Gedanken. Die Äußerungen werden weder kommentiert noch bewertet.
- *Kinder interviewen Kinder:* Ein fragender Partner ist eine gute Hilfe beim Ausdifferenzieren des eigenen Denkens.
- *Lern-Stationen:* Im Klassenzimmer sind verschiedene Symbole oder Bilder mit einem erklärenden Satz verteilt. Beispiele: Symbol „Stein/Feder": Das war heute sehr schwer/leicht für mich ...

Bild „Kind auf einer Leiter": Ich bin wieder einen Schritt weiter gekommen ... Die Kinder stellen sich zum jeweiligen Bild und erklären einander, weshalb sie hier stehen.

- *Lerntagebuch:* Die Kinder schreiben in ein Schulheft am Ende einer Stunde, eines Tages oder einer Woche ihre Lernerfahrungen auf, entweder mit Vorgaben an der Tafel oder frei. Geben Sie beim Durchsehen der Lerntagebücher den Kindern ein Feedback, das das Kind verstärkt oder mit einer konkreten Hilfe unterstützt.

> Datum: ... Thema: ...
> Was habe ich gelernt? ... Wie habe ich gelernt? ...
> Wie möchte ich weiterlernen? ...

Mit einem Feedback geben Sie einem Kind eine inhaltsorientierte Rückmeldung zu dem, was es gerade gesagt oder getan hat, eine Erklärung für Erfolg oder Misserfolg:
- Das hast du (noch nicht) geschafft.
- Das sind die nächsten Schritte.
- So kannst du die nächsten Schritte durchführen.

Lassen Sie sich umgekehrt auch von den Kindern regelmäßig ein Feedback über eine Stunde geben. Dies sollte keine Showstunde sein, sondern alltäglicher Unterricht. Erklären Sie, warum ein Feedback für Sie wichtig ist. Erklären Sie die Arbeitsweise und lesen Sie Item für Item vor. Bitten Sie ein Kind, die anonymen Bögen einzusammeln und Ihnen zu geben. Beispiel für einen Feedbackbogen:

Meine Meinung über diese Stunde				
Datum:	nein	eher nein	eher ja	ja
1. Ich konnte ungestört arbeiten.				
2. Ich wusste immer, was ich tun sollte.				
3. Ich habe alles verstanden.				
4. Ich habe etwas dazu gelernt.				
5. Ich fand die Stunde interessant.				
6. Ich habe mich die ganze Zeit wohl gefühlt.				
7. Die Lehrerin war freundlich zu mir.				

Für mich war diese Stunde:

viel zu leicht	etwas zu leicht	genau richtig	etwas zu schwer	viel zu schwer
☐	☐	☐	☐	☐

Das möchte ich noch zu der Stunde sagen:

Tragen Sie bei der Durchsicht die Anzahlen bei jedem Item ein und sprechen Sie danach mit der Klasse darüber. Positive Rückmeldungen sind eine gute Motivation für Sie, negative Rückmeldungen zeigen Ihnen, was Sie an Ihrem Unterricht verbessern könnten.

FEHLER FINDEN LASSEN

56

Durch kleine Lernschritte, gezielte Hilfen zum Verständnis und „lautes Denken" (Verbalisieren von Denkschritten) lassen sich viele Fehler vermeiden. Doch trotz aller Bemühungen sind Fehler ein selbstverständlicher Bestandteil des Unterrichts, sowohl Fehler der Kinder als auch von uns Lehrern.

Gleich mal ausprobieren

Fordern Sie die Kinder immer wieder auf, als „Fehlerdetektive" einen Fehler nicht nur aufzuspüren, sondern auch über Hilfen nachzudenken: „An der Tafel stehen fünf Rechnungen, eine davon ist falsch gelöst. Wo ist der Fehler? Wie kann er entstanden sein? Wie würdest du dem Kind helfen?"

Damit vermitteln Sie den Kindern die Einsicht in die Notwendigkeit des Nachrechnens sowie Techniken, um das Ergebnis zu überprüfen (Überschlagen Tipp 46):

❯ Tipp 46

Führen Sie differenzierte Korrekturen durch. Streichen Sie die Fehler bei hellen Köpfen nicht an, sondern schreiben Sie nur die Fehlerzahl darunter. Sie können die Fehler selbst finden.

Halten Sie bei jedem Test oder jeder Klassenarbeit (Tipp 97) in einer Liste fest, welche Fehler jedes Kind gemacht hat.

❯ Tipp 97

Denn gehäufte Fehler sind Ausgangspunkt eines Übungsplans für das Kind oder auch Anlass zum Wiederholen mit der Klasse. Eine gute Hilfe für Sie: Manche Verlage bieten Lernstandskontrollen an, beschreiben typische Fehler und zählen Fördermöglichkeiten auf.

FRAGEN ANSTOSSEN

57

Mitunter haben Kinder etwas nicht verstanden, fragen aber nicht nach. So können Sie einerseits eine Fragehaltung aufbauen und andererseits zum Kommunizieren anregen: Heften Sie ein blaues DIN-A4-Blatt „Das ist meine Frage" an die Mathe-Pinnecke. Darauf kann jedes Kind einen Zettel mit seiner Frage pinnen. Spätestens vor Unterrichtsende sollte ein anderes Kind oder Sie den Fragenden geantwortet haben. Diese nehmen dann ihre Frage ab.

58

Ein Kind mit Lernproblemen macht mehr Fehler als andere Kinder. So zeigen sich Schwierigkeiten beim Wahrnehmen, Verarbeiten und Speichern visueller Informationen:

- Das Kind erkennt gerade berechnete, ähnliche Aufgaben nicht wieder und löst jede Aufgabe neu. Beim Kopfrechnen beginnt es immer wieder von vorn, da es Zwischenergebnisse vergisst.
- Ein rechenschwaches Kind rechnet nicht, es zählt (verdeckt) mit den Fingern oder im Kopf.
- Am Ende des 2. Schuljahrs beherrscht das Kind den Zahlenraum bis 100 (Tipp 22) noch nicht. Es mangelt am Verständnis des Stellenwertes (Tipp 44). Im 3. Schuljahr werden mit den dreistelligen Zahlen die Probleme größer und die Orientierung im Zahlenraum bis 1 000 gelingt nur unzureichend (Tipp 62 ff.).
- Das mangelnde Verständnis der Operationen zeigt sich z.B. daran: Das Kind kann nur sehr wenige Grundaufgaben als Faktenwissen abrufen. Es beherrscht die Zehnerüberschreitung kaum. (Tipp 40) Vor allem Subtraktions- und Divisionsaufgaben sind kaum automatisiert. Beim Einmaleins (Tipp 70) addiert das Kind und zählt die jeweilige Reihe hoch.
- Halbschriftliches Rechnen (Tipp 73) führt das Kind an die Grenze seiner Kopfrechenleistung.
- Das Kind hat unzureichende Vorstellungen von Größen (Tipp 88 ff.) und Schwierigkeiten bei Sachaufgaben (Tipp 94).

❯ Tipp 22
❯ Tipp 44
❯ Tipp 62
❯ Tipp 40
❯ Tipp 70
❯ Tipp 73
❯ Tipp 88, 94

SOS-Tipp

Für weitere Informationen können Sie von der Homepage des Sinus-Projekts die kostenlose PDF-Datei herunterladen: Schipper, W. (2005): Rechenstörungen als schulische Herausforderung. Basispapier zum Modul G 4: Lernschwierigkeiten erkennen – verständnisvolles Lernen fördern. Kiel: IPN. www.sinus-grundschule.de/ (letzter Zugriff am 20.01.2016)

59

Folgende Maßnahmen können Sie ergreifen:

- Informieren Sie die Eltern und klären Sie im Gespräch mögliche medizinische Ursachen und weitere widrige Umstände ab.

- Lassen Sie sich mündlich vom Kind vorrechnen und gehen Sie den Problemen auf den Grund. Erstellen Sie einen individuellen Förderplan mit dem nötigen Basisstoff und informieren Sie auch die Eltern über das ausgewählte Material.

- Vielleicht haben Sie die Möglichkeit zu einer individuellen Förderung mit einem Tutor oder einem „Rechenpaten". Der Nachteil ist der fehlende Austausch zwischen gleichaltrigen Kindern.

- Meist muss jedoch die Förderung im Klassenunterricht erfolgen. Dabei ist zu bedenken: Mangelndes mathematisches Verständnis lässt sich nicht durch „mehr Üben" beheben. Zum Aufbau von Verständnis müssen Sie das Kind anleiten, Verbindungen zwischen den drei Ebenen herzustellen:

- Handeln mit Material (enaktive Ebene) – im Bild dargestellte Handlung (ikonische Ebene) – Darstellung in Sprache und Zahlen (symbolische Ebene) (EIS-Prinzip Tipp 19). Das Kind soll lernen, die Ebene selbst zu wählen, die sein Denken am besten unterstützt. ❯ Tipp 19

- Holen Sie Hilfe: Sprechen Sie zuerst die Beratungslehrerin an der Schule an. Sie berät Sie über weitere Hilfen. Beachten Sie dabei die schulrechtlichen Vorgaben wie z. B. die nötige Information der Erziehungsberechtigten. Erziehungsberechtigte informieren

SOS-Tipp

Hier können Sie Material finden:
- http://pikas.dzlm.de/material-pik/ausgleichende-foerderung/haus-3-unterrichts-material (letzter Zugriff am 14. 06. 2017)

■ Gerlach, Maria / Fritz, Annemarie / Ricken, Gabriele / Schmidt, Siegbert (2008): Trainingsprogramm Kalkulie. Förderbaustein 1 und Förderbaustein 2. Berlin.
In diesem Buch finden Sie neben einem Förderprogramm auch Vorlagen für eine Checkliste und ein Lerntagebuch.

FÖRDERN UND FORDERN

60

Das gleichzeitige Fördern rechenschwacher Kinder und Fordern der anderen Kinder ist eine Sisyphusaufgabe. So können Sie den individuellen Unterschieden gerecht werden:

- **Flexible Differenzierung:** Die Kinder eine Lernaufgabe selbst wählen lassen. Ich stelle anfangs z. B. eine leichtere und eine anspruchsvollere Sachaufgabe vor mit dem Hinweis: Die leichtere Aufgabe ist selbstständig zu lösen, die schwierigere mit mir. (Beim nächsten Mal ist es umgekehrt.) Nun entscheiden die Kinder selbst, bei welcher Gruppe sie mitmachen. Die Entscheidung bindet nicht für die ganze Zeit. Wem es bei der Lehrergruppe zu schwierig wird, kann sich jederzeit abkoppeln und umgekehrt. Ein Sitzplatzwechsel ist dazu nicht nötig: Die einen arbeiten still an ihrem Platz, die anderen schauen an die Tafel, hören zu und nehmen am Gespräch teil.
- **Fördern und Fordern durch Schriftsprache:** Während manche Kinder in einer Auswahl Feststellungen, Erklärungen, Begründungen, Antworten etc. ankreuzen, schreiben andere Kinder diese frei auf.
- ❯ Tipp 52 **Fördern und Fordern mit offenen Aufgaben (Tipp 52):** Formulieren Sie einen Auftrag so, dass er den Leistungsschwachen einen Einstieg ermöglicht und den Leistungsstarken die Grenze nach oben nicht festsetzt. Beispiele: Suche eine Zahl, mit der du gern rechnest. Rechne mit dieser Zahl.
Bilde Subtraktionsaufgaben. Beginne immer mit 1 000.

Finde Zahlen, die sich durch viele andere teilen lassen. Schreibe die Aufgaben dazu, z.B.: 10 : 5 = 2, 10 : 2 = 5, 10 : 10 = 1 … 48 : 2 … 200 : 10 …
Schreibe Aufgaben auf, die eine Million ergeben.

Gleich mal ausprobieren

Finde immer drei Zahlen, die gut zusammenpassen. Schreibe auf, warum sie zusammenpassen. Beispiele:
1, 2, 3 → Weil sie nacheinander kommen.
2, 4, 6 → Weil es gerade Zahlen sind.
3, 13, 23 → Alle haben 3 Einer.
60, 70, 80 → Weil der Unterschied immer 10 ist.
2 000, 4 000, 8 000 → Das ist immer das Doppelte.

Begabte Kinder müssen ihre Begabung im Unterricht zeigen und erleben können. Dazu brauchen sie anspruchsvolle Aufgaben als Zusatzaufgaben (Tipp 7, 52). In außerunterrichtlichen Kursen dagegen ginge ihr Potenzial und ihre meist gute Kommunikationsfähigkeit für die Lerngemeinschaft verloren.

❯ Tipp 7, 52

Achtung!

Das Fördern einzelner Kinder zum Erwerb des Grundwissens ist oft ein „Heranfördern". Versuchen Sie auch einmal das „Vorausfördern": Zeigen Sie langsamen Lernern einen neuen Rechenweg *vor* der Einführung in der gesamten Klasse. So haben sie dann einen Vorsprung und vielleicht ein Mathe-Erfolgserlebnis.

FREUDE AN MATHE ERLEBEN LASSEN

61

Kinder spielen gerne. Für das spannende Würfelspiel „Die verflixte Eins" haben sie sogar die Würfel mit in die Pause genommen. Je zwei Kinder brauchen einen Spielwürfel, Stift und Papier. Ein kleines Gästehandtuch dämpft die Würfelgeräusche. Legt man es in den Deckel eines Schuhkartons kullert der Würfel nicht auf den Boden.

Gleich mal ausprobieren

So geht das Spiel: Jeder Spieler würfelt so oft hintereinander wie er will. Dabei addiert er fortlaufend im Kopf die geworfene Zahl. Der Spieler kann jederzeit aufhören und die zuletzt ereichte Summe notieren.

Beispiel: Ein Spieler würfelt 2, 3, 4, 2, 6, 4 und rechnet im Kopf: $2 + 3 = 5$, $5 + 4 = 9$, $9 + 2 = 11$, $11 + 6 = 17$, $17 + 4 = 21$. Nun hört er auf zu würfeln und notiert 21 auf seinem Zettel. Denn: Würfelt ein Spieler eine Eins, muss er aufhören. Die bisher erreichte Zahl verfällt und er muss eine Null notieren. Dann beginnt eine neue Runde. Gewonnen hat, wer am Schluss die wenigsten Nullen hat.

Nicht nur Spiele können Freude an Mathe bringen, sondern auch besondere Events. Beispiele:

- Vielleicht kann Ihre Klasse an einer örtlichen Mathematik-Meisterschaft teilnehmen oder am Känguru-Wettbewerb. Er findet traditionell am 3. Donnerstag im März statt. Details unter: www.mathe-kaenguru.de/ (letzter Zugriff am 3.4.2017)
- Interessante, weihnachtliche Aufgaben zum selbstständigen Lernen finden Sie im Känguru-Adventskalender mini und maxi.
- Im 2. Schuljahr können Sie den *100. Schultag* ermitteln lassen und feiern.
- Sie können mit der Klasse ein Mathefest oder eine Matheolympiade feiern.

Am Anfang kann ein klasseninternes Mathefest mit Eltern stehen. Dazu bereiten die Kinder Lernstationen mit Aufgaben für Eltern und jüngere Geschwisterkinder vor. Dabei und bei den organisatorischen Vorbereitungen (Speisen und Getränke) gibt es eine Fülle zum Mathematisieren.

Beim Mathefest können Sie den Eltern auch zeigen, wie die Kinder mit dem Material legen sollen. Außerdem können Sie solche Aufgaben ansetzen, bei denen die Eltern beim Lernen helfen, z. B.: Messen mit Körpermaßen, Messen von Längen beim Weitsprung oder Weitwurf ... (Tipp 89).

❯ Tipp 89

Später können ein klassenübergreifendes Fest, ein Projekt-
tag oder eine Projektwoche der Schule folgen.

Im 2. Schuljahr werden die Kinder in das dezimale Stellenwertsystem (Tipp 44) eingeführt. Die in ihrer Anordnung
flexiblen Mehrsystemblöcke zeigen das Bündelungsprinzip
und die dekadische Struktur auch bei großen Zahlen. Jeder
Stufenzahl (1, 10, 100 ... 1 000 000) ist eine Bündelungseinheit
zugeordnet: Einerwürfel, Zehnerstange, Hunderterplatte,
Tausenderwürfel, Zehntausenderstange, Hunderttausen-
derplatte, Millionenwürfel.

❯ Tipp 44

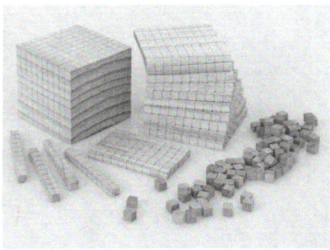

(Foto Mehrsystemblöcke: www.betzold.de)

Die Kinder können ihre Entdeckungen von einem Zahlenraum auf den anderen übertragen und eine Einsicht in den
kardinalen Aspekt der großen Zahlen gewinnen. Parallel
hierzu wird die Stellentafel erweitert sowie die Schreib- und
Sprechweise der neuen Zahlen erlernt. Farben (Tipp 30) erleichtern das Unterscheiden der Stellenwerte.

❯ Tipp 30

M	HT	ZT	T	H	Z	E
grün	rot	blau	grün	rot	blau	grün

Gleich mal ausprobieren

Erfahrungsgemäß ist an der Schule nicht genug Material vorhanden. Lassen Sie die Kinder in Partnerarbeit aus je sechs quadratischen Kartonstücken oder Bierdeckeln (Kantenlänge 10 cm) zehn Tausenderwürfel selbst herstellen. Zeigen Sie dann mit der Zehntausenderstange, wie groß der Millionenwürfel wäre. Haben Sie in der Sporthalle Rundholz-Turnstäbe mit einer Länge von 100 cm? Dann halten acht Kinder je einen Stab und zeigen den Millionenwürfel. Es ist ein „Meterwürfel".

Der Millionenwürfel

(Foto: www.betzold.de)

Achtung!

Hat ein Kind Schwierigkeiten in einem Zahlenraum, gehen Sie mit ihm zurück in einen niedrigeren Zahlenraum und klären dort Verständnisprobleme.

63

Legen von Zahlen nach „Diktat"

Bis 1 000 können die Kinder die Zahlen mit Material in der Reihenfolge der Stellentafel (Tipp 62) legen, also links die Hunderter (auf einer roten Unterlage), dann die Zehner (blaue Unterlage) und rechts die Einer (grüne Unterlage). In Zweier- oder Dreiergruppen legen die Kinder und tauschen eine Einheit um, wenn es möglich ist. Der Begriff „tauschen" ist für die Kinder eingängiger als „bündeln". Die entstandenen Zahlen werden jeweils in eine Stellentafel an der Tafel eingetragen.

> Tipp 62

Begriff tauschen ist eingängiger als bündeln

- „Lege einen Einerwürfel hin. Lege 9 Einerwürfel dazu und tausche. Lege 9 Zehnerstangen dazu. Lege 9 Hunderterplatten dazu. Welche Zahl ist das jetzt?"
- „Lege 5 Hunderterplatten, 4 Zehnerstangen und 7 Einerwürfel. Wie heißt die Zahl? Lege 3 Hunderterplatten … dazu. Nimm 6 Hunderterplatten weg …"

Um **innere Vorstellungsbilder** zu entwickeln, stellen Sie im Anschluss folgende Aufgaben: „Stell dir vor: Ich lege … hin. Wie heißt die Zahl? – Ich lege … dazu. – Ich nehme … weg."

Mein Tausenderfeld

Auf eine DIN-A4-Seite zeichnen die Kinder zehn Hunderterfelder mit 1 000 Punkten (Tipp 22). Bleistiftstriche zeigen die Binnenstruktur des Hunderters. Jeder Hunderter wird mit rotem Stift eingerahmt.

> Tipp 22

Mit zwei Abdeckblättern zeigen die Kinder ganze Hunderter und schreiben Rechnungen auf:
600 + 400 = 1 000, 1000 – 200 = 800

Am 1 000er-Feld können sie Zahlbeziehungen (das Ganze und seine Teile) und Zahlzerlegungen selbst entdecken:

1 000						
? · 5	? · 25	? · 50	**10 · 100**	? · 200	? · 500	? · 250
5 · ?	25 · ?	50 · ?	**100 · 10**	200 · ?	500 · ?	250 · ?

Auch wenn die Kinder das Einmaleins mit Zehnern und Hundertern noch nicht gelernt haben, lassen sich diese Malaufgaben anschaulich vom 1 000er-Feld ableiten und auswendig lernen.

Gleich mal ausprobieren

Die Kinder und Sie finden sicher noch weitere interessante Anlässe, bis **1 000 zu zählen** wie z. B.:
■ Mia malt in 3 Minuten 50 Kästchen aus. Wie lange brauche ich, um 1 000 Kästchen auszumalen?
■ Stimmt das? In meinem Mathebuch stehen 1 000 Aufgaben/ Wörter.

1 000 000 ERFORSCHEN LASSEN

64

Durch Messen und Hochrechnen mit auf Zehner gerundeten Zahlen in einer Tabelle gewinnen die Kinder eine Größenvorstellung von großen Zahlen. Solche Aufgaben können Sie auch später stellen, wenn die Kinder sie rechnerisch lösen können – oder Sie schieben an dieser Stelle eine Erklärung ein. Sind es etwa 1 000, 10 000 oder 100 000 oder gar etwa 1 000 000?
■ Wie viele Kästchen hat mein DIN A4-Rechenheft?
  Beispiel: Eine Zeile ist etwa 20 cm breit und hat 40 Kästchen. (1 cm hat 2 Kästchen.) Die Seite ist fast 30 cm hoch. So hat eine Spalte 60

Kästchen, eine Seite 40 · 60 = 2 400 Kästchen. Wir rechnen mit der runden Zahl 2 000 weiter. Anzahl der Seiten · 2 000 → Mein Heft hat etwa ... Kästchen.

- Wie viele Einerwürfel passen ... auf meinen Schülertisch/ in meine Schultasche/in ein Regalfach/in das Waschbecken/in den Schrank?

65

Lassen Sie die Kinder entbündeln, die ersten Stufen mit Material, dann formal. Wenn ich von einer Zehnerstange einen Einer wegnehmen will, muss ich die Zehnerstange in zehn Einerwürfel tauschen usw. Die Tabelle lässt sich nach links fortführen.

Zuerst so: ◄—

1 T − 1 E ↓	1 H − 1 E ↓	1 Z − 1 E ↓
9 H 9 Z 10 E − 1 E = 9 H 9 Z 9 E 999 E	9 Z 10 E − 1 E = 9 Z 9 E 99 E	10 E − 1 E = 9 E

Dann so: —►

Wenn ich von 1 000 000 die Zahl 1 abziehen will, muss ich tauschen: 1 Million in 10 Hunderttausender, davon 1 Hunderttausender in 10 Zehntausender, davon wieder 1 Zehntausender in 10 Tausender, davon 1 Tausender in 10 Hunderter, davon 1 Hunderter in 10 Zehner und 1 Zehner in 10 Einer.

66

Im 2. und 3. Schuljahr sammeln die Kinder gern Kastanien. Lassen Sie die Anzahlen in den einzelnen, durchsichtigen Beuteln schätzen und vergleichen.

Einmal sollten die Kinder den Handlungsablauf des Bündelns auch sprachlich protokollieren, z. B.: In jeden Becher legten wir 10 Kastanien. 10 Becher füllten wir in eine Schachtel. In einer Schachtel sind dann 100 Kastanien. Zehn

Bündeln sprachlich
protokollieren lassen

Schachteln leerten wir in einen Beutel. Im Beutel sind 1 000 Kastanien.

Anschließend legen die Kinder im 2. Schuljahr eine Kette aus 100 und im 3. Schuljahr im Schulhausgang eine Kette aus 1 000 Kastanien. Sie gliedern die Hunderter-Kette mit blauen Wäscheklammern in Zehner und hängen blaue Schilder mit den Zehnerzahlen 10, 20, 30 ... daran. Die Tausenderkette wird mit roten Klammern und Schildern 100, 200, 300 ... unterteilt.

Im 4. Schuljahr eignen sich Nudeln, Linsen, Erbsen oder Reiskörner zum Mengenvergleich. Wie viele sind in einer Packung? Nach Ihrem Hinweis „Zum Zählen aller Körner bin ich viel zu faul. Wie geht es schneller?" suchen die Kinder ein Verfahren, wie sie die Anzahlen feststellen können, z. B.: 20 Körner auf einen Esslöffel zählen, 5 EL in ein Glas füllen, 100 mit einem Strich am Glas markieren, mit dem 100er-Glas ein Glas mit 1 000 füllen usw. Noch schneller als das weitere Füllen von Gläsern geht es, wenn man die Körner wiegt und dann hochrechnet bis 10 000 und weiter. Als Beispiel: Die Kinder wiegen 5 g Reis ab (etwa ein EL) und zählen die Körner. In der Packung mit 500 g Reis sind etwa 20 000 Reiskörner. Notation in einer Zweisatztabelle:

5 g	50 g	500 g
200	2 000	20 000

Sternenbilder

Von der Erde aus kann man etwa 5 000 Sterne mit bloßem Auge erkennen, mit einem Fernglas etwa eine halbe Million und mit einem Spiegelteleskop über eine Milliarde. Jede Vierergruppe erhält ein Sternebild ungefähr in DIN-A4-Größe (aus dem Internet). Die Gruppen sollen die Anzahl möglichst genau durch Schätzen ermitteln. Dabei ist das mathematische „Schätzen" (Tipp 90) von blindem „Raten" zu unterscheiden. Anschließend werden die angewendeten Schätzstrategien verglichen.

❯ Tipp 90

(Foto: Fotolia / nj_musik)

Deuten Sie die Lösung an: Falten Sie das Sternenbild mehrmals und umfahren Sie ein Feld. Oder: Man überzieht das Bild mit einem Raster und teilt es mit dem Lineal und einem weißen Stift in gleich große Felder ein. Anschließend macht man eine Stichprobe und zählt die Anzahl aus einem Feld. Durch Multiplizieren mit der Anzahl der Felder lässt sich die Gesamtanzahl annähernd bestimmen.

ORIENTIERUNG IM ZAHLENRAUM

Zur systematischen Arbeit mit Zahlen erweitere ich den Zahlenraum zuerst nur bis 200. Beim Vergleichen der Hundertertafel (Tipp 22) mit der Zweihundertertafel übertragen die Kinder bekannte Einsichten auf die neuen Zahlen. In der Klasse werden dann die Zahlen an einem Leporello mit den Hundertertafeln bis 1 000 untersucht. Für die Fördergruppe empfiehlt sich dagegen ein schrittweises Erweitern um je einen Hunderter. So verinnerlichen die Kinder die Zahlvorstellung: Am Tausender-Feld zeigen die Kinder die Hunderterzahlen und entwickeln Größenvorstellungen der Zahlen bis 1 000: Zeige 500, 300, 700 … Zeige 100 mehr/ weniger. Zeige 500 + 300/1 000 – 200 …

❯ Tipp 22

Gleich mal ausprobieren

Aus Blättern mit einem leeren Hundertergitter stellen die Kinder selbst ein Leporello her und tragen die Hunderter- und Zehnerzahlen als Ankerzahlen ein. In täglichen Übungen ergänzen sie nach mündlichen oder schriftlichen Aufträgen weitere Zahlen und stellen sich selbst gegenseitig Rätsel (z. B.: Wo schreibst du die Zahl 365 hin?).

Lassen Sie die Kinder nicht nur vorwärts, sondern auch rückwärts zählen. Denn das Rückwärtszählen fördert wie auch das Zählen in 2er-, 5er- oder 10er-Schritten Konzentration und bewusstes Nachdenken.

VIELSEITIGE ZAHLVORSTELLUNGEN

Zahlverständnis bezeichnet die Fähigkeit, einer Zahl eine Menge zuzuordnen und umgekehrt. Dazu muss das Kind Zahlen handelnd (enaktiv), bildlich (ikonisch) und symbolisch mit Ziffern und Zahlwort darstellen. Dabei lernt es die Bedeutung der Ziffern und Stellenwerte zu verstehen und die Zahlen zu schreiben und zu lesen:

- Bei den Zahlen 32, 24, 234 hat die Ziffer 2 jeweils eine andere Bedeutung.
- Eine Zahl mit Stellenwertkarten aufbauen:
  $\boxed{1\ 000} + \boxed{200} + \boxed{30} + \boxed{4} = \boxed{1\ 234}$
- Die „Tausenderlücke" oder ein Punkt nach den Tausendern ist eine Lesehilfe.

Zahlauffassung ist die Fähigkeit, Zahlen auf unterschiedlichen Repräsentationsebenen verstehen zu können. **Zahlvorstellung** zielt auf Kenntnis der Beziehung zu anderen Zahlen, z. B.:

- 350 liegt zwischen 300 und 400
- Zahlen vergleichen: 349 < 350 < 351
- Ich sehe an den Einern: 350 ist eine gerade Zahl.
- Zahlen in ihrer operativen Struktur verstehen, z. B. in der additiven oder multiplikativen Zerlegung: 350 = 300 + 50, 350 = 400 − 50, 350 = 5 · 70

- Zahlenrätsel wie z. B.: „Ich denke mir zwei Zahlen, eine ist um 5 größer als die andere. Welche Zahlen könnten das sein?" 350 – 355, 405 – 410 ...
- Mit der Aufgabe **„Die Zahl des Tages"** regen Sie das Nachdenken über Zahlen an und machen Zahleigenschaften bewusst, z. B.:

Zahl des Tages	HT	ZT	T	H	Z	E	
76 548		7	6	5	4	8	70 000 + 6 000 + 500 + 40 + 8

⊠ gerade ☐ ungerade

Zahlwort: ....

Quersumme: ....

ZT-Vor-gänger	T-Vor-gänger	H-Vor-gänger	Z-Vor-gänger	E-Vor-gänger	Zahl des Tages	E-Nach-folger
70 000	76 000	76 500	76 540	76 547	76 548	76 549

− 10 000	− 1 000	− 100	Zahl des Tages	+ 100	+ 1 000	+ 10 000
66 548	75 548	76 448		76 648	77 548	86 548

die Hälfte **76 548 : 2 =** 70 000 + 6 000 + 500 + 40 + 8 ↓ ↓ ↓ ↓ ↓ 35 000 + 3 000 + 250 + 20 + 4 =	Meine Idee

PLUS UND MINUS BIS 1 000 000 ÜBEN

Zahlenraum bis 1 000

Am 1 000er-Feld zeigen die Kinder eine Zehnerzahl (z. B. 430) und nennen dann die Hälfte und das Doppelte. Sie ergänzen zuerst am Rechenstrich (Tipp 45), dann im Kopf Zahlen auf 1 000 (430 + ? = 1 000, 437 + ? = 1 000).

– Nach dem Legen, Zeichnen und Darstellen am Rechenstrich rechnen die Kinder halbschriftlich (Tipp 73). Während

❯ Tipp 45

❯ Tipp 73

69

die guten Rechner auf verschiedenen Wegen rechnen können, empfiehlt es sich für die Fördergruppe, nur den ersten

❯ Tipp 40 Weg zu wählen (Tipp 40).

Zuerst die H dazu. 437 + 245 = 437 + 200 = 637 637 + 40 = 677 677 + 3 = 680 680 + 2 = 682	Zuerst die H dazu. Kurzform 437 + 245 = 637, 677, 682
Zuerst die E dazu. 437 + 245 = 437 + 5 = 442 442 + 40 = 482 482 + 200 = 682	Zuerst die E dazu. Kurzform 437 + 245 = 442, 482, 682

Automatisieren Sie im **Zahlenraum über 1 000** diese Aufgaben:

▬ Subtraktion von Stufenzahlen

1 000   − 1/10/100

10 000   − 1/10/100/1 000

100 000   − 1/10/100/1 000/10 000

1 000 000 − 1/10/100/1 000/10 000/100 000

▬ Ergänzen bis 1 Million:

600 000/630 000/637 000 + ? = 1 000 000

▬ Verdoppeln und halbieren von vollen Tausenderzahlen:

$2 \cdot 430\,000$, $430\,000 : 2$

▬ Einfache Plus- und Minusaufgaben mit vollen Tausenderzahlen:

Ohne Übergang: 460 000 ± 30 000, 465 000 ± 30 000

▬ Mit HT-Übergang: 460 000 ± 80 000, 465 000 ± 80 000

DAS EINMALEINS EFFIZIENT SICHERN

70

❯ Tipp 24   Fragen Sie zunächst Vorwissen ab (Tipp 24): Schreibe Mal-
aufgaben auf, die du schon rechnen kannst.

Im 2. Schuljahr wird aus der wiederholten Addition die
Multiplikation abgeleitet:

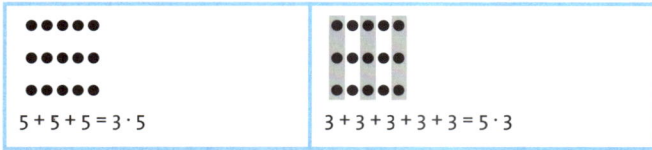

$5 + 5 + 5 = 3 \cdot 5$	$3 + 3 + 3 + 3 + 3 = 5 \cdot 3$

Die Vorteile der Punktfelder sind: Das Kind kann sie schnell abzählen bzw. erfassen und sieht gleichzeitig dreimal fünf Plättchen oder fünfmal drei Plättchen.

Aus den **Grund- oder Kernaufgaben** $1 \cdot x$, $2 \cdot x$, $10 \cdot x$, $5 \cdot x$, $x \cdot x$ (Quadratzahlen) können die Kinder die Ergebnisse aller Einmaleinsreihen ableiten. Allerdings dauert das Ableiten gerade bei weniger guten Rechnern recht lang und ist fehleranfällig. Deshalb muss das kleine Einmaleins nach wie vor zusätzlich auswendig gelernt werden als Voraussetzung zum schriftlichen Multiplizieren und Dividieren.

Einmaleins
auswendig lernen

Verwenden Sie beim Kopfrechnen (Tipp 43, 45) zum Automatisieren Aufgabenpaare, bei denen sich aus der ersten Aufgabe die zweite ableiten lässt. So üben die Kinder zugleich das Anwenden von Rechenstrategien:

❯ Tipp 43, 45

$2 \cdot 8 =$ $4 \cdot 8 =$	$10 \cdot 7 =$ $5 \cdot 7 =$	$10 \cdot 7 =$ $9 \cdot 7 =$	$5 \cdot 7 =$ $6 \cdot 7 =$	$10 \cdot \, ? = 70$ $70 : ? = 10$
das Doppelte	die Hälfte	Nachbaraufgaben		Umkehraufgaben

Gleich mal ausprobieren

Einprägehilfen beim Automatisieren:

- Die Kinder nennen immer die gesamte Rechnung mit Ergebnis wie $7 \cdot 8 = 56$, damit sie sich als Ganzheit einprägt.
- Nennt ein Kind ein falsches Ergebnis, sagt es lautlos, aber mit Lippenbewegung, dreimal die Rechnung mit richtigem Ergebnis.
- Jedes Kind sagt still für sich die aktuelle Einmaleinsreihe auf. Wenn es „durch" ist, beginnt es von Neuem oder sagt die Reihe rückwärts. Unvermittelt sage ich „Stopp!" und rufe ein Kind auf, das seine letzte Aufgabe mit Ergebnis nennt.

Zahlen zerlegen: $21 = 3 \cdot 7$, $21 = \boxed{4 \cdot 5} + 1$, $21 = \boxed{3 \cdot 6} + 3$

Da die Schreibweise mit Klammern und die Regel „Punkt vor Strich" erst später thematisiert werden, lasse ich die Malaufgabe jeweils einrahmen.

So können Sie im 3. Schuljahr das **Zehnereinmaleins** erarbeiten, damit die Kinder die Null nicht nur mechanisch anhängen:

- fortgesetzte Addition: $4 \cdot 20 = 20 + 20 + 20 + 20$
- Zehnerreihe bilden: 20, 40, 60, 80
- Analogien nutzen: $2 \cdot 4 = 8 \rightarrow 20 \cdot 4 = 80 \rightarrow 200 \cdot 4 = 800$
- mit Stellenwerten rechnen: $4 \cdot 20 = 4 \cdot 2$ Zehner = 8 Zehner = 80

Zu geschicktem Rechnen anregen

71

❯Tipp 40 Geschicktes Rechnen (Tipp 40) ist vor allem das Anwenden von Gesetzen, um Zahlen clever miteinander zu verbinden. Es erfordert allerdings ein gutes Zahl- und Rechengefühl, wenn Kinder Rechenzahlen so verändern, dass sie $98 + 42$ oder $298 + 542$ mit „vollen" Zehnern oder Hundertern rechnen können. Diese Einsicht lässt sich mit Mehrsystemblöcken veranschaulichen. Helle Köpfe erfassen die Konstanzgesetze: Eine Summe bleibt gleich, wenn ich beide Summanden gegensinnig verändere ($298 + 542 = 300 + 540$). Eine Differenz bleibt gleich, wenn ich beide Zahlen in gleicher Weise verändere ($798 - 458 = 800 - 460$).

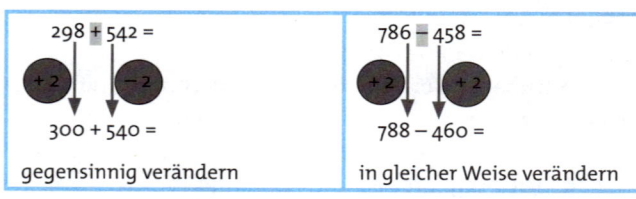

$298 + 542 =$	$786 - 458 =$
$+2$ -2	$+2$ $+2$
$300 + 540 =$	$788 - 460 =$
gegensinnig verändern	in gleicher Weise verändern

Die Aufgabe $3 \cdot 28$ an der Tafel provoziert den Protest der Kinder: „Das haben wir noch nicht gehabt." Lassen Sie nach dem Ich-Du-Wir-Prinzip (Tipp 51) trotzdem Lösungsmöglichkeiten finden. Beispiele: Ich kann die 3 Zahlen einer Malaufgabe vertauschen (Assoziativgesetz).

❯Tipp 51

Ich kann eine Zahl als Malaufgabe schreiben ($28 = 7 \cdot 4$) und dann leichter rechnen.

$4 \cdot 2 \cdot 3 =$	schwierig leichter
$\boxed{4 \cdot 2} \cdot 3 = 8 \cdot 3 = 24$	$12 \cdot 6 \rightarrow 2 \cdot 6 \cdot 6 = 2 \cdot \boxed{6 \cdot 6} = 2 \cdot 36$
$4 \cdot \boxed{2 \cdot 3} = 4 \cdot 6 = 24$	$3 \cdot 28 \rightarrow 3 \cdot 7 \cdot 4 = \boxed{3 \cdot 7} \cdot 4 = 21 \cdot 2 \cdot 2$
$\boxed{4 \cdot 3} \cdot 2 = 12 \cdot 2 = 24$	$16 \cdot 50 \rightarrow 2 \cdot 8 \cdot 50 = \boxed{2 \cdot 50} \cdot 8 = 100 \cdot 8$

Ich kann eine Zahl als Summe schreiben und jede Zahl multiplizieren (Distributiv- oder Verteilungsgesetz).

$2 \cdot \boxed{3 + 4} = \boxed{2 \cdot 3} + \boxed{2 \cdot 4}$	schwierig leichter
○○○●●●●	$6 \cdot 12 \rightarrow 6 \cdot \boxed{10 + 2} = \boxed{6 \cdot 10} + \boxed{6 \cdot 2}$
○○○●●●●	$3 \cdot 28 \rightarrow 3 \cdot \boxed{20 + 8} = \boxed{3 \cdot 20} + \boxed{3 \cdot 8}$
	$16 \cdot 50 \rightarrow 50 \cdot \boxed{10 + 6} = \boxed{50 \cdot 10} + \boxed{50 \cdot 6}$

Eine Aufgabe wie $12 \cdot 6$ lässt sich also auf verschiedenen Wegen lösen. Lassen Sie die Kinder immer wieder mehrere Lösungswege zu einer Aufgabe finden und den Lösungsweg begründen (Tipp 87).

❯ Tipp 87

Weitere Beziehungen für pfiffige Rechner:
- Wenn ich beim Multiplizieren eine Zahl verdopple, so verdoppelt sich das Ergebnis: $3 \cdot 8 = 24 \rightarrow 6 \cdot 8 = 48$
- Wenn ich eine Zahl der Malaufgabe halbiere, so halbiert sich das Ergebnis: $3 \cdot 8 = 24 \rightarrow 3 \cdot 4 = 12$
- Konstanz des Produkts bei gegensinnigem Verändern: Das Ergebnis der Malaufgabe bleibt gleich, wenn ich eine Zahl verdopple und die andere halbiere.
  $3 \cdot 16 = 6 \cdot 8 = 12 \cdot 4 = 24 \cdot 2 = 48 \cdot 1$ oder
  $12 \cdot 50 = 6 \cdot 100$
- Konstanz des Quotienten bei gleichsinnigem Verändern: Das Ergebnis der Geteiltaufgabe bleibt gleich, wenn ich beide Zahlen halbiere/durch 10 teile, z. B.:
  $48 : 8 = 24 : 4 = 12 : 2$ bzw. $240 : 40 = 24 : 4$

72

Im 2. Schuljahr wird die Division als Zerlegen in gleich mächtige Teilmengen sowie als Umkehrung der Multiplikation eingeführt.

- Aufteilen/Messen: 12 Äpfel werden in Säckchen mit jeweils 4 Äpfeln aufgeteilt. Gesucht ist die Anzahl der Teilmengen (der „Portionen"): Wie viele Säckchen werden gefüllt? 12 Ä : 4 Ä = 3
- Verteilen: 12 Äpfel werden an 4 Kinder verteilt. Gesucht ist die Mächtigkeit jeder Teilmenge (die Größe jeder „Portion"): Wie viele Äpfel bekommt jedes Kind? 12 Ä : 4 = 3 Ä

Passen Sie die Sprechweise an die jeweilige Handlung an. Die Kinder müssen das begriffliche Unterscheiden von Aufteilen und Verteilen nicht beherrschen.

Achtung!

Mitunter findet sich in Aufgaben die Aufforderung: „Verteile gerecht." Doch der Begriff „gerecht" ist mehrdeutig und bedeutet nicht unbedingt, dass jeder eine gleich große Portion bekommt.

Die Null und die Eins beim Teilen

Mit anschaulichen Beispielen können die Kinder die Auswirkung dieser Zahlen verstehen.

$3 : 1 = 3 \rightarrow 3$ Äpfel werden einem Kind gegeben.

$0 : 3 = 0 \rightarrow 0$ Äpfel an 3 Kinder verteilt, jeder bekommt 0 Äpfel.

$3 : 0 / 0 : 0 \rightarrow 3 / 0$ Äpfel kann ich nicht an 0 Kinder verteilen.

: 0 geht nicht

Teilen mit Rest

Es ist ökonomisch, das Einsdurcheins als Umkehrung des Einmaleins zu lernen.

Sprechweise: $20 : 4 = 5$, weil $5 \cdot 4 = 20$

oooo oooo oooo oooo oooo o	$21 = \boxed{5 \cdot 4} + 1$ $21 : 4 = 5\,\text{R}\,1$ Die Zahlen, die sich ohne Rest durch 4 teilen lassen, sind Vielfache von 4.

Achtung!

Falls ein pfiffiges Kind es anspricht: Bei der Restschreibweise wird das Gleichheitszeichen tatsächlich nicht korrekt im statischen Sinn der mathematischen Identität verwendet. Demnach müsste man eigentlich schreiben:
$21 : 4 = 5\,\tfrac{1}{4}$
Doch sieht man die Aufgabe $21 : 4 = 5\,\text{R}\,1$ dynamisch als Beschreibung eines Handlungsablaufs, so ist die Restschreibweise eindeutig.

73

Beim halbschriftlichen Rechnen zerlegen die Kinder eine Aufgabe in im Kopf zu lösende Teilaufgaben. Rechenschritte und Teilergebnisse können sie nach Bedarf notieren. Das halbschriftliche Rechnen ist somit ein Kopfrechnen mit Notieren von Zwischenergebnissen. Da keine festen Formen vorgeschrieben sind, können die Kinder kreativ werden und eigene Formen der Notation finden und begründen.

Beispiel: Statt der Langform schreiben gute Rechner gerne die Kurzform.

$53 \cdot 6$	$53 \cdot 6$	$53 \cdot 6$
$50 \cdot 6 = 300$	$300 + 18$	$300, 18$
$3 \cdot 6 = 18$		

Lassen Sie im Blick auf die schriftliche Multiplikation den größeren Faktor immer zuerst schreiben. Dann müssen die Kinder später nicht umlernen.

Trainieren Sie mit den Kindern auch die vom Einmaleins (Tipp 70) her bekannten Strategien („Rechentricks").

❯ Tipp 70

$67 \cdot 5$	$\rightarrow$	Das Zehnfache halbieren	$670 : 2$
$67 \cdot 9$	$\rightarrow$	Vom Zehnfachen das Einfache subtrahieren	$670 - 67$
$67 \cdot 11$	$\rightarrow$	Zum Zehnfachen das Einfache addieren	$670 + 67$
$49 \cdot 7$	$\rightarrow$	Mit einer Zehnerzahl rechnen	$\boxed{50 \cdot 7} - 7$
$81 \cdot 7$	$\rightarrow$	Mit einer Zehnerzahl rechnen	$\boxed{80 \cdot 7} + 7$

Beim **halbschriftlichen Dividieren** fällt den Kindern das Zerlegen in passende Zahlen oft schwer. Diese Schritte können hilfreich sein:

$84 : 3$	Rechenschritte	
1) Zerlegen	Zerlegen in das Zehnfache und den Rest $84 = 30 + 30 + 24$	Zerlegen in ein Vielfaches von 10 und den Rest $84 = 60 + 24$
2) Addition zur Kontrolle	$30 + 30 + 24 = 84$	$60 + 24 = 84$
3) Dividieren	$30 : 3 = 10$ $30 : 3 = 10$ $24 : 3 = 8$	$60 : 3 = 20$ $24 : 3 = 8$
4) Ergebnisse addieren	$10 + 10 + 8 = 28$	$20 + 8 = 28$

SCHRIFTLICHE RECHENVERFAHREN

74

Bei schriftlichen Verfahren rechnen die Kinder mit Ziffern, den Stellenwerten. Dabei wird das Rechnen in Teilschritte mit einer normierten Sprechweise zerlegt. So gelangt man zwar schneller und mit geringerer Schreibarbeit zum Ergebnis, doch die Kinder müssen diesen festen Ablauf (Algorithmus) intensiv üben.

Stellenwertspiele zur Vorbereitung

Die Kinder legen und zeichnen Plättchen in die Stellentafel, z. B.:

H	Z	E
ooooo ooo	ooo	ooooo o

- Wie heißt die Zahl? 836
- Plättchen verschieben: Schiebe die Z zu den H, die H zu den Z. Wie heißt die Zahl? ... Verschiebe so, dass die größte/kleinste Zahl entsteht.
- Lege 1 (2) Plättchen dazu. Welche Zahlen können entstehen? Bei den H: 936, bei den Z: 846, bei den E: 837
- Nimm 1 (2) Plättchen weg ...
- Welche Zahlen kannst du mit insgesamt 5 Plättchen legen? Größte/kleinste Zahl?
- Lege zu den E (Z) 8 Plättchen dazu und wechsle um: 844 (916).

Den Ablaufplan sichern

Den vorgegebenen Ablaufplan können die Kinder nicht selbst entdecken. Mitunter wird das schriftliche Rechnen handelnd mit Material eingeführt. Doch nach meiner Erfahrung ist dies unnötig, ja für manche Kinder sogar eine Erschwerung. Denn vom Ziel „Speichern des Ablaufs" sollte nichts ablenken. Wichtig ist dagegen:

- Teilen Sie den Stoff in **kleine Lernschritte** mit steigendem Schwierigkeitsgrad auf.
- Schreiben Sie die Stellenwerte farbig: H rot, Z blau, E grün.
- Erklären Sie gut und sprechen Sie jeden Ablaufplan mehrmals vor. Die Kinder sprechen zuerst mit, dann sprechen sie ihn selbst nach. Beim Rechnen sollen die Kinder so lange leise mitsprechen, bis dies zum „inneren Sprechen" wird.
- Da beim Rechnen mit Stellenwerten die Zahl als Ganzes aus dem Blick gerät, führen die Kinder vor dem schriftlichen Rechnen immer einen Überschlag (Tipp 46) zur Kontrolle durch. ❯ Tipp 46

75

Behandeln Sie nur wenige Teilschritte auf einmal.

- Zeigen Sie an der Tafel die Schreibweise (Ziffern genau untereinander) und die Addition ohne Übertrag (mit den Einern beginnen, von oben nach unten rechnen), z. B. 436 + 152. Übernehmen Sie die Sprechweise des Mathebuchs und lassen Sie die Kinder mehrmals im Chor, gruppenweise und zum Partner sprechen, damit sich diese einprägt. An den folgenden Tagen sollten möglichst viele Kinder Ihnen laut vorrechnen, um Stolpersteine frühzeitig zu erkennen.
- Lassen Sie vor dem Addieren mit Übertrag an der Stellentafel bündeln:

Zehnerübertrag			Hunderterübertrag			zwei Überträge		
H	Z	E	H	Z	E	H	Z	E
6	3	12	4	13	9	7	14	18
6	4	2						

- Erarbeiten Sie dann ebenso Aufgaben mit Zehnerübertrag (436 + 158), mit Hunderterübertrag (436 + 182) und mit zwei Überträgen (436 + 187). Achten Sie darauf, dass die Kinder zwischen dem letzten Summanden und dem Summenstrich eine Kästchenzeile für den Übertrag frei lassen, bei den Überträgen gleichzeitig sprechen und schreiben, die Übertragungsziffer konsequent notieren.

DIE SCHRIFTLICHE SUBTRAKTION

76

Achtung!

Wie die Eltern Ihrer Kinder haben Sie vermutlich die schriftliche Subtraktion nach dem Ergänzungsverfahren gelernt. Inzwischen ist in manchen Bundesländern das weltweit verbreitete Abziehverfahren vorgeschrieben oder zur

Zeigen Sie das Abziehverfahren ohne Übergang an der Tafel und führen Sie dabei die Sprechweise ein:

$7\,E - 2\,E = 5\,E$

	H	Z	E
	4	5	7
−	1	3	2
			5

5 E an

$5\,Z - 3\,Z = 2\,Z$

	H	Z	E
	4	5	7
−	1	3	2
		2	5

2 Z an

$4\,H - 1\,H = 3\,H$

	H	Z	E
	4	5	7
−	1	3	2
	3	2	5

3 H an

Lassen Sie vor dem Subtrahieren mit Übertrag **an der Stellentafel entbündeln**:

Zehnerübertrag

H	Z	E
6	3	2
6	2	12

Hunderterübertrag

H	Z	E
5	3	9
4	13	9

zwei Überträge

H	Z	E
9	5	7
8	14	17

Mein Vorschlag für eine Sprechweise beim Subtrahieren mit **Zehnerübertrag**:

	H	Z	E
	4	5	3
			1
−	1	2	6

3 − 6 geht nicht.
Ich leihe mir **1 Z** und tausche **1 Z in 10 E**.
Jetzt habe ich **13 E**. 13 − 6 = 7, **7 E an**,
Ich gebe den geliehenen Z zurück und schreibe **1 Z**.
5 **− 1** − 2 = 2, **2 Z an**, 4 − 1 = 3, **3 H an**.

Nach meiner Erfahrung ist die Sprechweise „ich leihe – ich gebe zurück" für die Kinder leichter als „ich entbündle". Zum Notieren des Übertrags müssen die Kinder zwischen beiden Zahlen eine Kästchenzeile frei lassen. Analog lasse ich beim Rechnen mit Hunderterübertrag und zwei Überträgen sprechen.

Tipp für Kinder mit Schwierigkeiten: Während die anderen still für sich rechnen, rechnet ihnen ein Kind mit begleitendem Sprechen an der Tafel vor.

Gleich mal ausprobieren

Trainieren Sie mit den Kindern auch die Entscheidung, ob sie eine Aufgabe im Kopf oder schriftlich lösen, z. B.:

Aufgabe	Warum im Kopf?	Warum schriftlich?
960 − 523 =	leichte Zahlen ohne Überträge	
812 − 336 =		mit Überträgen
739 − 736 =	ergänzen	
953 − 398 =	− 400 + 2	

DIE SCHRIFTLICHE MULTIPLIKATION

77

> Tipp 46

Lassen Sie vor jeder Rechnung konsequent überschlagen (Tipp 46): $312 \cdot 3 \to$ Ü $300 \cdot 3 = 900$. Damit die Kinder Überschlag und Ergebnis wirklich vergleichen, lasse ich sie den Unterschied notieren ($936 - 900 = 36$) oder beide Zahlen vergleichen ($900 < 936$).

Einstelliger Multiplikator ohne Übergang

Achten Sie auf die Schreibweise:

- Die „große Zahl" steht links. Dies müssen die Kinder später beim selbstständigen Aufschreiben von Aufgaben im Sachrechnen beachten.
- Die erste Ergebnisziffer ist unter den Multiplikator zu schreiben.

Zeigen Sie die Rechenwege an der Tafel:

H	Z	E		
3	1	2	·	3
				↓
	H	Z	E	
				6

von rechts nach links rechnen
zuerst die E: 3 · 2 E = 6 E, 6 E an
(Der Pfeil zeigt: genau unter 3)
dann die Z: 3 · 1 Z = 3 Z, 3 Z an
danach die H: 3 · 3 H = 9 H, 9 H an

Einstelliger Multiplikator mit Übergang

H	Z	E		
3	5	2	·	4
	T	H	Z	E
			0	8
		2		

zuerst die E: 4 · 2 E = 8 E, 8 E an
dann die Z: 4 · 5 Z = **20 Z, 0 Z an**
Ich wechsle 20 Z in 2 H, 2 H übertragen
danach die H: 4 · 3 H = 12 H
12 H + 2 H = 14 H, 4 H an
Ich wechsle 10 H in 1 T, 1 T an.

In Ihrem Mathebuch steht vielleicht der Vorschlag, die Behalte- oder Merkziffern nur mit den Fingern zu zeigen. Lassen Sie die Behalteziffern zumindest in der Anfangsphase unbedingt notieren. Nach dem Addieren streichen die Kinder sie durch. Ich lasse sie auf Dauer notieren. Denn bei der schriftlichen Division sollen die Kinder später jeweils die Multiplikation zur Kontrolle aufschreiben. Wenn sie es nicht gewohnt sind, die Behalteziffern zu notieren, schreiben die Kinder die Umkehraufgabe oft nur mechanisch hin (auch mit falschem Ergebnis) ohne nochmals neu zu multiplizieren. Die Behalteziffern zeigen jedoch, ob sie wirklich gerechnet haben. Die knappe Endform muss bei der Multiplikation nicht unbedingt erreicht werden.

Behalteziffern notieren lassen

Wenn die Kinder sicher sind, können sie die Sprechweise verkürzen und die Stellenwerte weglassen: 4 · 2 = 8, 8 an. Ebenso wird auf die Stellentafel verzichtet.

Multiplikation mit einem Vielfachen von 10

458·30 ↓	Rechne zuerst: 458·3 1374 1̲2̲	Multipliziere mit 10 und hänge eine Null an. 458·3**0** 1374**0** 1̲2̲

Multiplikation mit Zehner-Einer-Zahlen

		4	5	8	·	2	3
				1	1	▼	
Zehnermalaufgabe				9	1	6	0
					1	2	
	+			1	3	7	4	Einermalaufgabe
Ergebnisse addieren				1			
			1	0	5	3	4

Achtung!

Bei der Zehnermalaufgabe kann man zwar die Anhänge-null weglassen. Doch erschwert dies vor allem schwachen Rechnern eine richtige Lösung. Deshalb ist es sicherer, die Null bei der Zehnermalaufgabe immer mitzuschreiben. – In der Grundschule ist die schriftliche Multiplikation nur mit maximal zweistelligem Multiplikator vorgeschrieben.

DIE SCHRIFTLICHE DIVISION

78

Das schriftliche Dividieren ist das schwierigste schriftliche Rechenverfahren. Wiederholen Sie zuerst das halbschriftliche Dividieren mit Überschlag und Multiplikation zur Kontrolle, da diese beiden Schritte auch bei jeder schriftlichen Division durchzuführen sind:

873 : 3 → Überschlag: 900 : 3 = 300 oder 870 : 3 = 290
    Kontrolle: 91 · 3 (mit Merkziffern)

Eine sorgfältige Einführung erleichtert den Kindern das Verständnis.

Material:
- **Stellentafel** (mit Folie überzogen) aus hellem Karton (etwa 1, 20 m breit und 1, 50 m hoch)
- **Ziffernkarten** für die Stellenwerte aus farbigem Tonpapier (etwa 12 cm hoch, 10 cm breit; H rot, Z blau, E grün; etwa acht Karten zu jeder Ziffer von 0 bis 9)
- **Wortkarten** teilen und anschreiben malnehmen abziehen herunterziehen

Die Stellentafel liegt auf dem Boden. Die Kinder sitzen im doppelten Halbkreis vor der Stellentafel. Ich rechne eine Musteraufgabe an der Stellentafel schrittweise vor, erkläre jeden Schritt und schreibe auch schrittweise an die Tafel: Ich beginne ..., Ich teile ... Die Kinder legen bei jedem Schritt die Wort- und Ziffernkarten passend auf, schieben die Ziffernkarten beim Teilen auch wirklich herunter und beschreiben die Stellentafel mit wasserlöslichem Stift.

Musteraufgabe an Stellentafel vorrechnen

H ↓	Z	E				H	Z	E	
									links mit dem höchsten Stellenwert beginnen
8	9	4	:	3	=	**2**	9	8	**H** teilen 8 H : 3 geht **2**-mal, **2 H** an
− 6									malnehmen 2 · 3 = 6, abziehen 8 − 6 = 2 — Der Rest muss immer kleiner als der Teiler sein.
2	**9**								**9 Z** herunter, ergibt 29
− 2	7								teilen 29 Z : 3 geht **9**-mal, **9 Z** an
	2	4							malnehmen 9 · 3 = 27 — abziehen 29 − 27 = 2
−	2	4							**4 E** herunter, ergibt 24
		o							teilen 24 E : 3 = **8**, **8 E** an — malnehmen 8 · 3 = 24 — abziehen 24 − 24 = o

Achtung!

Wiederholung

- Die Klasse spricht nochmals gemeinsam, während ein Kind zur Aufgabe 894 : 3 erneut an der Stellentafel legt oder Sie auf die einzelnen Ziffern an der Tafel deuten (dabei die heruntergezogenen Ziffern jeweils mit einem Punkt markieren).
- Ein Kind spricht nochmals, ein Kind legt erneut, vier andere Kinder erhalten die Wortkarten, die sie jeweils beim entsprechenden Schritt hochhalten. (Später können Sie diese aushängen.)
- Berechnen Sie mit der Klasse eine weitere Aufgabe und zeigen Sie dabei an der Tafel, wie die Aufgaben ins Heft zu schreiben sind:
  - Vorher Überschlagen und zum Schluss den Überschlag mit dem Ergebnis vergleichen.
  - Die Ziffern genau untereinander schreiben (für jede Ziffer ein Kästchen!); beim Herunterziehen keine Stelle vergessen (kleiner Punkt!) oder doppelt verwenden.
  - Der Rest 0 wird immer hingeschrieben, damit er nicht vergessen wird.

Ebenso sorgfältig werden folgende Fälle gelöst

- 639 : 3 Beim Teilen der Ziffern des Dividenden bleibt kein Rest.

- $\boxed{395 : 5}$ Die erste Stelle ist nicht teilbar. 3 : 5 geht nicht. Deshalb fasse ich die beiden ersten Stellen zusammen (mit einem Bogen markieren) und rechne 39 Z : 5.
- $\boxed{3\ 051 : 3}$ Auch die Null muss geteilt und im Ergebnis eingetragen werden: 0 : 3 = 0, 0 an.
- $\boxed{3\ 280 : 8}$ Oft wird vergessen, die Null am Ende der Teilungszahl herunterzuziehen, gerade auch dann, wenn die vorhergehende Teildivision aufgeht.
- Teilen mit Rest: 8 924 : 5 = 1 784 R 4, Umkehraufgabe: 1 784 · 5 + 4

Achtung!

In der Grundschule ist die schriftliche Division nur mit einem einstelligen Divisor vorgeschrieben.

› Tipp 42

MIT DEM COMPUTER LERNEN

79

Der Vorteil dabei ist, dass ein ansprechend gestaltetes Computerprogramm die Kinder zu vielen Wiederholungen anregt und es sich zum Automatisieren von Faktenwissen eignet (Tipp 42). Der Nachteil ist, dass ein Übungsprogramm kaum konzeptuelles Wissen – also ein vernetztes Begriffswissen – vermitteln kann. Es kann auch nicht flexibel auf die Antworten des Kindes eingehen.

Für die Einzelarbeit am PC – auch zu Hause – hat sich z. B. das Programm Mathepirat in der Praxis bewährt (www.mathepirat.de).

Wenn – wie meistens – nicht für jedes Kind ein PC vorhanden ist, ist Partnerarbeit ideal. Ein Kind sitzt an Maus und Tastatur, das andere Kind daneben gibt das Vorgehen vor. Nach 5 oder 10 Minuten wechseln die Kinder.

Interaktives Whiteboard (IWB)

Mit dem IWB können Sie große Bilder, Inhalte aus dem Internet, die elektronische Version des Schulbuchs sowie eigenes Unterrichtsmaterial auf einem USB-Stick projizieren.

Wenn Sie die Gelegenheit zu einer Fortbildung zum Umgang mit dem IWB haben, sollten Sie diese unbedingt nutzen.

Angebote aus dem Internet nutzen

Beim Suchen nach Unterrichtsmaterial können Sie sich leicht in den endlosen Weiten des im Internets verlieren. Zu einer effizienten Recherche verhelfen u. a. folgende Adressen:

- www.zum.de/portal/grundschule
- www.zum.de/mathematik-digital

DIE WEITERFÜHRENDE SCHULE

80

Die weiterführenden Schulen verlangen von den Kindern zunehmende Selbstständigkeit und Selbstorganisation beim Lernen. Folgendes können Sie vorbereiten:

❯ Tipp 21 - Das Beherrschen von Platzhalteraufgaben (Tipp 21) wie z. B. a + ? = c und ? + b = c erleichtert den Kindern den Umgang mit Gleichungen. Ebenso sollten die Kinder Multiplikation und Division als Umkehroperationen flexi-❯ Tipp 70, 72 bel anwenden können (Tipp 70, 72).

❯ Tipp 89, 92
❯ Tipp 93 - Beim Rechnen mit Größen (Tipp 89, 92) können Sie das Verständnis von Bruchzahlen (Tipp 93) als abstrakte Zahlen vorbereiten: Wie lang sind eine ½ Stunde und eine ¾ Stunde zusammen? Warum sind 2,5 m + 1,25 m nicht 3,30 m?

❯ Tipp 70 - Die Kinder sollten das kleine Einmaleins (Tipp 70) beim Kopfrechnen sicher beherrschen und über Strategien zum Lösen von Aufgaben des großen Einmaleins bis 20 verfügen.

- Lehrkräfte des Gymnasiums beklagen vor allem die bei vielen Kindern ausgeprägte Abneigung gegenüber Text-❯ Tipp 94 aufgaben (Sachrechnen Tipp 94) sowie die mangelnde Fähigkeit, beim Problemlösen auf bereits gelernte Verfah-❯ Tipp 47, 52 ren zurückzugreifen (Tipp 47, 52).

- Geben Sie deshalb den Kindern nicht vorschnell konkrete Lösungshinweise, sondern unterstützen Sie sie nur durch strategische Lernhilfen wie: Was steht im Text? – Was ist die Frage? – Hast du schon einmal eine ähnliche Aufgabe gelöst? Wie hast du das gemacht?

- Wie schon beim Übergang vom Kindergarten in die Grundschule ist es eine große Hilfe, wenn die Kinder an einem „Schnuppertag" ihre zukünftige Schule besuchen und dort am Unterricht teilnehmen.

GEOMETRIE IST ÜBERALL

81

Schieben Sie die Geometrie nicht geballt ans Ende des Schuljahrs, sondern setzen Sie einmal im Monat eine Sequenz an. Visuelles Wahrnehmen und räumliches Orientieren ist in allen Fächern eminent wichtig. Im Anfangsunterricht wird deshalb immer wieder die grundlegend wichtige Rechts-Links-Orientierung geübt. Auch in Arithmetik, im Sachunterricht, beim Basteln, Werken und Malen sowie im Alltag ergeben sich immer wieder geometrische Fragen. Nutzen Sie solche Gelegenheiten. Lassen Sie jedoch die Kinder während einer Geometrieeinheit auch rechnen (Kopfrechnen Tipp 43, 45; Hausaufgaben Tipp 12).

❭ Tipp 43, 45, 12

BEGRIFFSVERSTÄNDNIS ENTWICKELN

82

Die Lehrpläne fordern ein grundlegendes Faktenwissen über elementare geometrische Formen, Figuren und Körper sowie über deren Eigenschaften. So können Sie nach dem EIS-Prinzip (Tipp 19) das Begriffsverständnis entwickeln:

❭ Tipp 19

- Um z.B. den Begriff Rechteck zu verstehen, suchen die Kinder rechteckige Gegenstände, legen ein Rechteck mit Stäben nach, fahren abgebildete Rechtecke unter anderen Formen nach, schneiden ein Rechteck aus ... Bei diesen handelnden Erfahrungen zeigen sie ein *intuitives Begriffsverständnis*: Sie „können ... Beispiele für den Begriff angeben und wissen, was nicht zu einem Begriff gehört, ohne dass sie dies ... begründen können."
- Beim Gegenüberstellen von Rechteck und Schiefeck (Prinzip des Kontrasts) entdecken die Kinder Merkmale des Rechtecks wie gleiche Länge und Parallelität von je zwei

Seiten, rechte Winkel. Beim Vergleichen von Rechtecken in verschiedenen Größen (Prinzip der Variation) finden sie diese Eigenschaften bestätigt und entwickeln so ein *inhaltliches Begriffsverständnis*. Nun können sie begründen, warum ein Objekt zum Begriff gehört oder nicht.

- Wenn die Kinder „den Begriff als Teil eines Begriffsnetzes (...) erfassen und (...) die Beziehungen von Eigenschaften untereinander sowie die Beziehungen zu anderen Begriffen (...) kennen", haben sie ein *integriertes Begriffsverständnis* erreicht. Sie können den Begriff Rechteck definieren (kindgemäß: einen Steckbrief formulieren) und Oberbegriffe (Vierecke) sowie Unterbegriffe (Quadrat) angeben (Roth 2012, 13).

Gleich mal ausprobieren

Rückenspiel: Zwei Kinder sitzen Rücken an Rücken. Ein Kind hat eine Körperform in der Hand und beschreibt sie. Das andere Kind nennt den Namen.

83 RAUMVORSTELLUNG ENTWICKELN

„Raumvorstellung ist die Kompetenz, räumliche Objekte verinnerlicht zu sehen, verinnerlicht bewegen und verinnerlicht vergrößern oder verkleinern zu können." (Wollring 2016, 8) Dazu ist das selbsttätige Herstellen von Körpern unverzichtbar.

Gleich mal ausprobieren

So können die Kinder ohne großen Aufwand ein Kantenmodell herstellen: Sie stecken Zahnstocher und/oder Schaschlikstäbe in getrocknete, über Nacht eingeweichte Erbsen und formen einen Quader oder Würfel.

Zum Bauen werden viele Würfel gebraucht. Würfel aus Holz mit einer Seitenlänge von 4 cm sind einerseits groß genug, andererseits nicht zu sperrig. Kostengünstige Lösung: Kau-

fen Sie im Baumarkt Kanthölzer mit 4 cm Querschnitt und
lassen Sie diese vor Ort in Würfel zuschneiden.

84

Spätestens im 2. Schuljahr verwenden die Kinder das **Lineal**
zum Unterstreichen, Messen von Längen, zum Zeichnen von
Strecken und zum Anfertigen von Tabellen. Zeigen Sie den
Kindern die sachgemäße Handhabung:
- Das Lineal am Nullpunkt anlegen (und nicht am Rand).
- Das Lineal mit gespreizten Fingern in der Mitte fest auf
  das Papier drücken.
- Zum Zeichnen senkrechter und schräger Strecken dre-
  hen die Kinder das Papier, da sie das Lineal waagrecht
  leichter halten können.

Im 4. Schuljahr sollen die Kinder Kreise mit dem **Zirkel**
zeichnen. Auch das erfordert einiges Geschick:
- den Mittelpunkt festlegen,
- den Radius mit dem Zirkel auf dem Lineal abgreifen,
- die Zirkelspitze in den Mittelpunkt einsetzen,
- den Zirkel drehen.

Achtung!

Schärfen Sie den Kindern ein: Ich verwende den Zirkel nur
zum Zeichnen. Wenn ich meinen Platz verlasse, bleibt der
Zirkel immer auf dem Tisch liegen.

85

Falten macht nicht nur Spaß, sondern initiiert auch geometrische Kompetenzen und schult sie wie das Anwenden von
Lagebegriffen, das Erkennen von Symmetrien, das Feststellen von Sachverhalten (z.B.: Die Diagonalen im Quadrat
schneiden sich im Mittelpunkt), die Einsicht in Flächenin-

halt und -umfang (etwa beim fortgesetzten Falten eines Quadrats in immer kleinere Quadrate) sowie die Raumvorstellung beim Umsetzen der grafischen Anleitung.

Anfangs lernt das Kind die Faltschritte am besten durch Vor- und Nachmachen, begleitet durch präzises Verbalisieren. Gefaltet wird immer auf einer festen Unterlage und nicht etwa in der Luft. Zuerst streicht das Kind nur leicht mit einem Finger über die Faltlinie. Liegt das Blatt genau Eck auf Eck, streicht es mit dem stumpfen Ende eines Stifts darüber, so wird der Knick noch schärfer.

So können Sie die Kopfgeometrie fördern: Sie falten oder ein Kind faltet hinter einem Sichtschirm und beschreibt genau die Schritte. Die Kinder vollziehen diese im Kopf nach und geben an, welche Form entsteht.

Beim Legen von **Tangram-Figuren** üben die Kinder spielerisch das Erkennen von Teilkonfigurationen und das Ergänzen von Figuren. Unterschiedlich anspruchsvolle Legeaufgaben ermöglichen eine Differenzierung.

Fragen wie „Wie viele Pentominos (Figuren aus fünf zusammenhängenden Quadraten) kannst du finden? Aus welchen Pentominos kannst du einen offenen Würfel falten?" bereiten das Untersuchen von Würfelnetzen vor.

MATHEMATIK IST SCHÖN

86

Die Kinder überprüfen die mathematische Korrektheit des Titels eines Kunstwerkes (siehe Abb. S. 115). Dazu überziehen sie das Bild mit einem Raster von 8 · 8 = 64 Quadraten und zählen die blauen Kästchen ab (aus: Wörler 2011, 23).

Sprechen Sie beim Betrachten von Kunstwerken mit geometrischen Formen (z. B. Werke von Max Bill, Wassily Kandinsky, Paul Klee, Joan Miro, Victor Vasarely ...) das ästhetische Empfinden der Kinder an. Die Kinder untersuchen den geometrischen Bauplan des Kunstwerks und entdecken Gesetzmäßigkeiten von Formen und Flächen. Beim Nachgestalten werden sie selbst kreativ. (Literaturtipp: Rademakers, Elfriede (2009): Kunst und Mathematik. Hamburg)

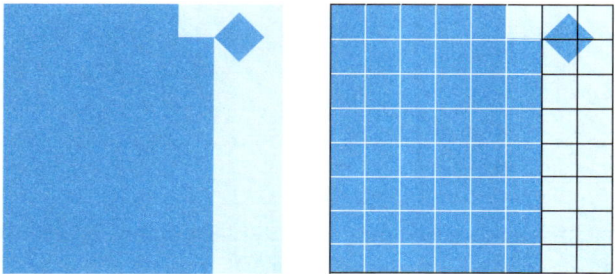

MUSTER UND STRUKTUREN

87

Grundschulkinder sollten Muster und Strukturen erkennen, nutzen, beschreiben und begründen können. Sowohl alltagssprachlich als auch mathematisch beschreibt der Begriff „Muster" immer eine Regelmäßigkeit. Ein mathematisches Muster ist eine numerische oder räumliche Regelmäßigkeit. Struktur dagegen ist die Art und Weise, wie das Muster aufgebaut ist.

- *Muster und Strukturen erkennen und nutzen:* Dekadisch gegliederte Anschauungsmittel mit einer Fünfer- und Zehnergliederung veranschaulichen durch die Anordnung der Zahlen, Felder, Striche etc. die Zehnerstruktur unseres Zahlsystems (Tipp 22).

❯ Tipp 22

- *Muster und Strukturen erkennen, nutzen und beschreiben:* Nicht nur beim Zeichnen von Bandornamenten nutzen die Kinder Muster, sondern auch beim Bearbeiten und Erfinden von Entdeckerpäckchen (Tipp 47).

❯ Tipp 47

Beispiel:

Finde Zahlen, die sich durch viele andere teilen lassen. Schreibe nach diesem Muster die Teiler dazu.				
24				
24 : 24	24 : 1			
24 : 12	24 : 2			
24 : 6	24 : 4			
24 : 3	24 : 8			

Welche Strukturen kann das Kind hier nutzen? In Spalte 1 wird der Teiler fortlaufend halbiert. In Spalte 2 steht die Tauschaufgabe. Hier verdoppelt sich der Teiler jeweils. So ist das Muster eine Hilfe beim Finden von Teilern.

GRÖSSENVORSTELLUNGEN: GELD

88

Zum Legen von Geldbeträgen ist Rechengeld unerlässlich. Es ist bei Banken und Sparkassen meist kostenlos als Klassensatz erhältlich.

Die Kinder legen und notieren verschiedene Möglichkeiten des Umwechselns von 10 ct, 50 ct sowie 1, 10, 20, 50, 100, 500, 1 000 €. Geld ist keine Messgröße, sondern eine Zählgröße

❯ Tipp 93 (Tipp 93). Deshalb unterstützt das Darstellen mit Geldbeträgen das Verständnis des Zahlenraums.

Um die Vorstellung für Geldbeträge zu fördern, schneiden Sie aus Katalogen Gegenstände aus oder zeichnen entsprechende Dinge: Was kann ich / was können meine Eltern für 1, 10, 50, 100, 500, 1 000 € ... kaufen?

Gleich mal ausprobieren

In meinem Geldbeutel sind vier verschiedene Geldscheine. Zusammen sind es mehr als 100 €, aber weniger als 200 €.
a) Welche Geldscheine können es sein?
b) Trage alle Möglichkeiten in eine Tabelle ein.
c) Wie viel Geld ist es bei jeder Möglichkeit?

Die Kinder können auch Tabellen anfertigen und in Verbindung mit anderen Größen rechnen:
- Wie viel Geld ist eine 1 m lange Schlange aus 1-Euro-Stücken/100-Euro-Scheinen?
- Wie lang ist eine Schlange aus 100, 1 000 … 1 000 000 1-Euro-Stücken/100-Euro-Scheinen?
- Kann ich 100, 1 000 … 1 000 000 1-Euro-Stücke/100-Euro-Scheine tragen?

GRÖSSENVORSTELLUNGEN: LÄNGEN

89

Stützpunktvorstellungen sind realistische Vorstellungen zu Größen. Sie sind eine Hilfe beim Schätzen und beim Lösen von Sachaufgaben, um z. B. die Plausibilität zu prüfen.
Überprüfen Sie mit dem Weißblatttest „Das weiß ich schon" (Tipp 24), über welche Stützpunktvorstellungen die Kinder verfügen. Dazu schreiben die Kinder auf: Was ist etwa 1 cm, 10 cm, 1 m lang?

❯ Tipp 24

In manchen Mathebüchern findet sich eine Übersicht, z. B.: 1 mm Strich, 1 cm Fingerbreite / 2 Heftkästchen, 10 cm Handspanne / Breite von Toilettenpapier, 1 m Tafellänge / Armspanne / Türbreite, 10 m Länge des Klassenzimmers / eines LKW, 100 m Länge eines Fußballfelds …
Während der Begriff Höhe eindeutig ist, sind es die Begriffe Länge und Breite oder Tiefe (z. B. bei Möbeln) nicht. Legen Sie deshalb fest: Länge nennen wir die längere Strecke, Breite die kürzere.
Stellen Sie mit den Kindern konkrete Bezugsgrößen aus dem Klassenzimmer, der Schule und der Erfahrungswelt zusammen und hängen sie diese als Merkplakat aus (Tipp 41).

❯ Tipp 41

Darauf sollen die Kinder z. B. bei Sachaufgaben immer wieder zurückgreifen und Ergebnisse vergleichen: 42 m – Das ist etwa viermal so lang wie das Klassenzimmer.

Gleich mal ausprobieren

Auf die „Meine 1-m-Seite" in ihrem Heft zeichnen die Kinder Gegenstände, die ungefähr 1 m lang sind, und beschriften sie.

Während sich 1 cm mit der Fingerbreite unmittelbar handelnd darstellen lässt, lässt sich $\boxed{1 \text{ km}}$ nur mittelbar sprachlich beschreiben: Von unserer Schule bis zu … ist es 1 km. Oder: 1 km ist so lang wie 2 ½ Runden auf dem Sportplatz, für $\boxed{10 \text{ km}}$ brauche ich mit dem Rad fast eine Stunde, in einer Stunde können wir etwa $\boxed{100 \text{ km}}$ weit mit dem Auto fahren. Auch größere Längen sollten sich die Kinder merken:

- Welcher Ort liegt etwa 100 km vom Schulort entfernt?
- $\boxed{1000 \text{ km}}$ Nord-Süd-Länge Deutschlands von den Alpen (Zugspitze) bis zur Nordsee (Flensburg)
- $\boxed{40\,000 \text{ km}}$ Umfang der Erde am Äquator

Mit der Größenvorstellung Schritt werden für die Kinder große Längen anschaulich:
Ein Schritt ist etwa 50 cm lang. Wie viele Schritte brauchst du für 5 km? Welche Strecke hast du nach ungefähr 1 Million Schritten zurückgelegt?

Länge der Strecke	50 cm	5 m	50 m	500 m	5 000 m	…	
Anzahl der Schritte	1	10	100	1 000	10 000	…	1 000 000

Achtung!

> Tipp 93

Im Alltag wird bei Maßangaben (Tipp 93) wie 2,5 km oft die Null am Ende weggelassen. Für die Kinder ist es meiner Erfahrung nach besser, sie hinzuschreiben.

SCHÄTZEN

90

Beim Schätzen soll das Kind nicht blind raten, sondern in Gedanken eine reale Größe mit einem eingeprägten Repräsentanten vergleichen und daraufhin eine ungefähre Größenangabe ermitteln. Beispiel: Mit der Tafelhöhe 1 m schätzt es die Raumhöhe auf etwa 4 m.
Kinder können das Schätzen nur lernen, wenn Sie es möglichst oft ansprechen. Bewerten Sie Schätzergebnisse nicht mit „rich-

tig" oder „falsch", sondern geben Sie als Feedback z.B. „gut/ etwa / noch nicht getroffen" oder kurz „Treffer / kein Treffer".

GRÖSSENVORSTELLUNGEN: GEWICHTE

Ausgehend vom Körpergewicht der Kinder führen Sie zuerst das Kilogramm ein. Jeder nimmt Repräsentanten für 1 kg (s. u.) in die Hand, um ein Gefühl für diese Einheit zu bekommen. Lassen Sie dann die Kinder durch Wiegen Stützpunktvorstellungen selbst aufbauen, z. B.: Was wiegt 1 g, 10 g, 100 g, 1 kg, 10 kg? Geben Sie dazu mehrere, auch unpassende Gegenstände – z. B. verschieden große Steine – zur Auswahl vor. $\boxed{1\ g}$ Centmünze, 2 Gummibärchen, 2 kleine Büroklammern, Smartie; $\boxed{10\ g}$ Standardbrief; $\boxed{100\ g}$ Brötchen, Heft, eine Tafel Schokolade; $\boxed{1\ kg}$ eine Tüte Milch, eine Packung Zucker/ Mehl, Melone, ein dickes (Wörter-)Buch; $\boxed{10\ kg}$ ein großer Eimer voll Wasser, ein Fahrrad.
Geben Sie größere Vergleichsgewichte zum Einprägen vor: $\boxed{100\ kg}$ ein schwerer Mann, Waschmaschine; $\boxed{1\ 000\ kg}$ ein kleines Auto, Giraffe, ein Elefantenbaby

Weitere Aufgaben rund um das Kindergewicht:
- Ein Kind in deinem Alter wiegt etwa 30 kg. Die Büchertasche darf höchstens den 10. Teil wiegen, also 3 kg.
- Wie viele Kinder in deinem Alter wiegen etwa so viel wie ein Elefant (6 t)?

Gewicht	30 kg	60 kg	600 kg	6 000 kg
Anzahl der Kinder	1	2	20	200

GRÖSSENVORSTELLUNGEN: ZEIT

Der Größenbereich Zeit ist für die Kinder häufig am schwierigsten.
Die **tägliche Datumsansage** durch die Kinder fördert das Zeitverständnis. So lässt sie sich fortlaufend verfeinern:

- Heute ist Mittwoch, der 13. Juni 2018.
- Heute ist ... Gestern war ... Morgen ist ...
- Heute ... Gestern ... Morgen ...
- Vom Juni sind 12 Tage vergangen. Bis 30. Juni sind es noch 18 Tage. – Seit Jahresbeginn sind 5 Monate/23 Wochen/173 Tage vergangen. Bis Jahresende sind es noch 7 Monate/29 Wochen (52 – 23)/192 Tage (365 –173). Die letzten Ansagen erfordern vom Datumsdienst eine schriftliche Vorbereitung.

Ein aktueller **Jahreskalender mit den Geburtstagen** der Kinder kann ein zusätzlicher Rechenanlass sein: In ... Tagen ist mein Geburtstag. NN hat in ... Tagen Geburtstag (Ich-Aufgaben Tipp 53).

> Tipp 53

> Tipp 91

> Tipp 89

Ebenso wie der Größenbereich Gewichte (Tipp 91) ist die Zeit im Gegensatz zur Länge (Tipp 89) nicht direkt wahrnehmbar. Eine gängige Methode ist das gleichmäßige Zählen. Die Kinder schätzen, zählen und überprüfen:

- Wie weit kannst du in einer Minute, in 5 Minuten zählen? Wie lang brauchen wir für das Zählen bis 100, bis 1 000?
- 1 Sekunde ist die Zeit, in der ich 21 sage.
- 1 Minute ist die Zeit, in der ich von 21 bis 80 zähle.
- Hefteintrag „**Meine 1-min-Seite**": Die Kinder schreiben auf „Das kann in 1 min machen" und schreiben dazu, z. B. 55-mal auf der Wippe schaukeln ...

Die Zeit veranschaulichen

> Tipp 45

> Tipp 93

Stundenband, Rechenstrich (Tipp 45) und Pfeilbild zeigen die Tageslänge in zunehmender Abstraktion (Tipp 93).

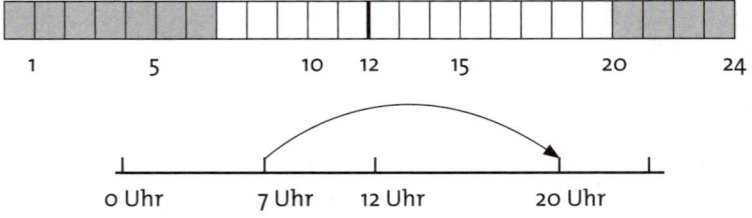

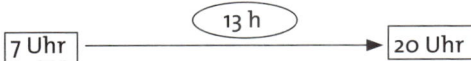

Die Zeiteinheiten sind **nicht dekadisch** aufgebaut. Das Umrechnen ist deshalb schwierig. Erarbeiten Sie nach und nach mit den Kindern eine Übersicht über die Umwandlungszahlen. Im 4. Schuljahr könnte sie so aussehen:

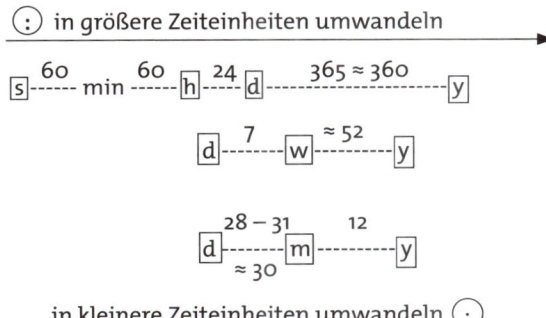

(Da den Kindern die englischen Wörter bekannt sein sollten, wurden diese gewählt: hora/hour, dies/day, week, mensis/month, annus/technisch: year)

Oft fasst man eine bestimmte Anzahl von Jahren zu einer größeren Einheit zusammen:

10 Jahre   = 1 Jahrzehnt
100 Jahre   = 1 Jahrhundert
25 Jahre   = 1 Vierteljahrhundert
50 Jahre   = 1 halbes Jahrhundert
1 000 Jahre = 1 Jahrtausend

Achtung!

Zeitberechnungen lassen sich wegen des Unterschieds von Zeitpunkt und Zeitdauer (Zeitspanne) nicht in der üblichen Form als Gleichung aufschreiben, sondern mit der Operatorschreibweise:

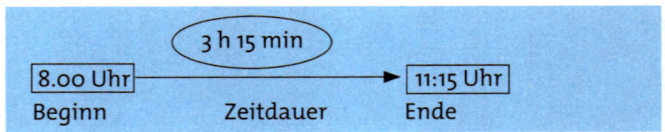

BRUCHZAHLEN UND GRÖßEN

93

> Tipp
> 80

In der Grundschule werden nur Längen, Zeitspannen und Hohlmaße mit den im Alltag gebräuchlichen Bruchzahlen ½, ¼ und ¾ bezeichnet (Maßzahlaspekt). Damit die Kinder für das Bruchrechnen im 5. Schuljahr (Tipp 80) **eine korrekte und anschauliche Grundvorstellung** erwerben, ist zu beachten: Ein Bruch ist ein Teil eines Ganzen, er ist „Teil einer Eins". Die Eins, der Einer, bisher die kleinste Größe, wird in gleich große Portionen aufgeteilt. Diese neuen Zahlen schreiben wir auch mit einer neuen Schreibweise auf: mit Bruchstrich oder als Kommazahl. Die Zahl unter dem Bruchstrich (der Nenner) gibt an, wie groß das Teil ist, die Zahl über dem Strich (der Zähler) gibt an, wie viele Teile es sind.

Brüche als Kreismodell

Bevor die Kinder im 2. Schuljahr die Zeitspannen eine halbe Stunde, eine Viertelstunde ... kennenlernen, können Sie das Grundverständnis an einem großen Pizzabild entwickeln: Sie teilen die ganze Pizza in zwei, vier gleich große Teile. Die Kinder vollziehen dies an einem Papierkreis nach: Eine ganze Pizza ist in vier gleich große Teile geteilt, ein Teil davon ist ein Viertel, drei Teile sind drei Viertel.

Dann können die Kinder die Erkenntnis auf das Teilen einer Stunde übertragen. Hängen Sie die Umrechnungen als Merk-
> Tipp 41
plakat (Tipp 41) aus:

eine halbe Stunde = ½ h = 30 min ... ¼ h   ¾ h

Illustration: Kristina Klotz

Ergänzen Sie später auch folgende Einheiten:
ein halbes Jahr = 6 Monate ≈ 6 · 30 Tage ...
ein Vierteljahr ... ein Dreivierteljahr ...

In Geometrie (Tipp 81 ff.) lässt dich diese Einsicht vertiefen: ❯ Tipp 81 ff
Die Kinder falten ein farbiges Quadrat und ein Rechteck
zweimal zur Hälfte, zerschneiden die Formen und kleben das
Ganze, die Hälfte, ein Viertel und drei Viertel in ihr Heft.

Kommazahlen beim Geld
Bei der Einführung „Das Komma trennt Euro und Cent (also
zwei Größen)" wird das Komma als Zeichen für die Sorten-
trennung erklärt. Die Sprechweise bei 3,45 € ist wie im Alltag
3 Euro 45 oder 3 € 45 ct (Tipp 88). ❯ Tipp 88

Längenmodell von Bruchzahlen
Die Kinder falten einen 1 m langen Papierstreifen einmal
zur Hälfte 0,50 m und diesen nochmals zu einem Viertel-
meter.
Hängen Sie auch diese Schreibweisen als Merkplakat (Tipp ❯ Tipp 41, 89
41, 89) aus:
½ m = 50 cm = 0,50 m   ¼ m ...   ¾ m ... 1 ½ m ...
½ km = 500 m = 0,500 km

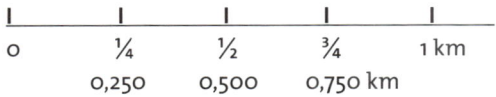

Achtung!

Im Gegensatz zum Geld wird die Sprechweise drei Komma
fünfundvierzig bei Größenvergleichen mit Längen und
Gewichten zum Problem:
3,45 m = 3 m 45 cm → Die nächst kleinere Einheit bei Meter ist Dezimeter.
So vergleichen viele Kinder: 3,45 km < 3,238 km, denn
45 < 38. Das zeigt: Die Kinder sollen die Endnull immer
mitschreiben. Dann ist klar: 3,450 km > 3,238 km.
Sprechweise: 3,45 km = 3 km 450 Meter

Endnull immer
mitschreiben lassen

vor dem Komma	nach dem Komma Meter			Komma-zahl	km und m
km	**100 m**	**10 m**	**1 m**		
1	5	0	0	1,500 km	1 km 500 m
1	0	5	0	1,050 km	1 km 50 m
1	0	0	5	1,005 km	1 km 5 m

Hohlmaße als Bruchzahlen

Im Messbecher messen die Kinder die Bruchzahlen von Hohlmaßen ab und füllen damit im Alltag verwendete Gefäße. Auf Getränkeflaschen ist der Rauminhalt oft als Kommazahl angegeben. Deshalb lässt sich hier das Umrechnen nochmals üben und als Stützpunktwissen verankern:

$1\,l = 1\,000\,ml$

½ l → 1 000 ml : 2 = 500 ml = 0,500 l   kleine Wasserflasche
¼ l → 1 000 ml : 4 = 250 ml = 0,250 l   Trinkglas
¾ l →   250 ml · 3 = 750 ml = 0,750 l   Wasserpfandflasche
          1 000 ml : 3 = 333 ml = 0,33 l   Getränkedose

SACHRECHNEN PLANEN

94

❯ Tipp
53

Ziel ist, dass die Kinder lernen, Sachsituationen und Mathematik in Beziehung zu setzen. Ertragreiche Sachzusammenhänge aus der Umwelt sind z. B.: Schule, Themen rund um die eigene Person (Tipp 53), Einkauf, ein Fest vorbereiten, kochen, backen, Sport, Kunst, Klassenausflug …

Zuerst lernen die Kinder, klassische Textaufgaben nach dem Frage-Rechnung-Antwort-Schema zu lösen. Dies ist für manche Kinder bereits eine große Herausforderung. Doch es sind noch weitere Kompetenzen zu vermitteln, z. B.:

■ den Text genau lesen und analysieren (z. B. unklare Begriffe markieren und klären, Wichtiges unterstreichen, Unwichtiges wegstreichen, Größenangaben markieren oder herausschreiben …)

- Teilfragen finden und auswählen
- Daten schätzen/sammeln und auswerten
- Sachbeziehungen erkennen und darstellen (Sachaufgabe mit eigenen Worten erzählen, als Skizze zeichnen, als Tabelle notieren …)
- die Situation in einer veränderten Form präsentieren (szenisch darstellen, eine ähnliche „Rechengeschichte" erzählen oder aufschreiben …)
- überschlagen (Tipp 46)

❯ Tipp 46

- einen Lösungsweg finden / verschiedene Lösungswege verwenden
- die Lösung überprüfen und in Frage stellen

Achtung!

Planen Sie deshalb einen Sachrechenkurs und thematisieren Sie je einen klar umrissenen Schwerpunkt, z. B. eine passende Zeichnung aus einer Auswahl finden und anschließend zu einer neuen Aufgabe eine passende Zeichnung selbst anfertigen. Halten Sie diesen Lösungsschritt auf einem Merkplakat (Tipp 41) fest: „Zeichne einfach, zeichne klar, schon stellt sich die Lösung dar." (Schmidt 2015 a, 5) In diesem Mathebuch finden Sie auch für die weiteren Lösungsschritte einprägsame Merksätze.

❯ Tipp 41

Eine „gute Sachaufgabe" vermehrt einerseits das Sachwissen und lässt andererseits verschiedene Lösungswege auf unterschiedlichem Niveau zu wie die folgende, zunächst leicht erscheinende Aufgabe zeigt. Erst beim Zeichnen lässt sich erkennen, dass hier die Kompetenzen Modellieren und Problemlösen in hohem Maß gefordert sind.

Gleich mal ausprobieren

Mia wohnt etwa 400 m von der Schule entfernt, Ben 600 m. Wie weit wohnen sie voneinander entfernt? Zeichne und begründe. Welche Lösung findet Ihre Klasse?

Anforderungsbereich II: Zusammenhänge erkennen und nutzen

minimale Länge

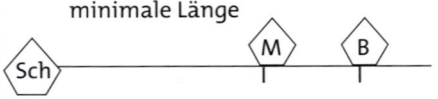

600 m – 400 m = 200 m

maximale Länge

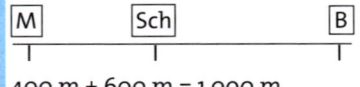

400 m + 600 m = 1 000 m

Anforderungsbereich III: Verallgemeinern

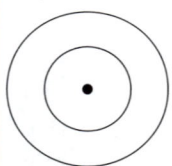

Mia könnte irgendwo auf der Kreislinie mit dem Radius 400 m um die Schule wohnen und Ben entsprechend auf der Kreislinie mit dem Radius 600 m. Auch im Kreis kann man die maximale und minimale Entfernung einzeichnen. So kann das Kind weitere mögliche Standpunkte auf beiden Kreisen sowie weitere Ergebnisse zwischen 200 und 1 000 m finden: Es zeichnet 1 cm für 100 m, zeichnet Mias und Bens Haus beliebig auf dem entsprechenden Kreis ein und verbindet die beiden Punkte. Durch Messen und Umrechnen kann es eine von vielen weiteren Lösungen erhalten.

FERMI-AUFGABEN JA ODER NEIN?

95

Fermi-Aufgaben (nach dem italienischen Kernphysiker und Nobelpreisträger Enrico Fermi 1901–1954 benannt) sind einerseits „in" und werden sogar in den Lehrplänen genannt, weil sie vielfältige Kompetenzen fördern sollen. Kritiker dagegen halten sie für eine Kuriosität mit nur geringem Lerneffekt und ohne Bezug zur Lebenswelt, die nur kostbare Unterrichtszeit raubt.

Eine Fermi-Aufgabe enthält nur wenige Zahlen und verlangt keine exakte Lösung, sondern nur ein plausibles Ergebnis. Wenn Sie sich selbst ein Bild machen wollen ...

Gleich mal ausprobieren

Kann das stimmen? Alle Spaghetti einer Packung sind aneinandergelegt 100 m lang:
- Lassen Sie die Fermi-Aufgabe in Kleingruppen lösen.
- Stellen Sie nötiges Material zur Verfügung: mindestens zwei Spagetti-Packungen (eine bleibt ungeöffnet, eine zum „Zerlegen"), Zollstöcke, Waagen
- Bereiten Sie Hilfen für die Kinder vor, die keine Ideen haben und keinen Lösungsweg finden.

STOCHASTISCHES DENKEN FÖRDERN

Beim Würfeln, beim Werfen einer Münze (Kopf oder Zahl?), beim Ziehen einer Kugel oder beim Drehen von Glücksrädern ermitteln die Kinder die Gewinnchancen. Sie können auch am Wahrscheinlichkeitsstrahl zeigen, wie sicher ein Ereignis ist oder eintreten wird, und dazu passend sprechen.

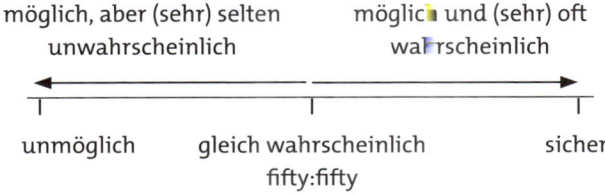

Gleich mal ausprobieren

Das Geburtstagsproblem: Wie wahrscheinlich ist es, dass in unserer Klasse zwei Kinder am gleichen Tag Geburtstag haben, also „Geburtstagszwillinge" sind? In der Klasse lässt sich dies schnell überprüfen. Aber wie ist es in der ganzen Schule? Kinder der 4. Klasse gehen nach Absprache mit den Kolleginnen paarweise in die anderen Klassen und notieren die Klassenstärken und die Geburtstagszwillinge. Echte Zwillinge werden nicht mitgezählt. Eine Auswertung wird ergeben, dass etwa in jeder zweiten Klasse „Geburtstagszwillinge" sind und damit die unglaubliche Wahrscheinlichkeit bei fifty:fifty liegt (Idee: Liebendörfer 2014, 94).

KLASSENARBEITEN DURCHFÜHREN

97

❯ Tipp 5, 24

❯ Tipp 6

Leistungsmessung (Tipp 5, 24) kann erfolgen als
- Lernausgangsdiagnose vor Beginn einer Unterrichtssequenz,
- begleitende Lernprozessdiagnose während des Lernens (Beobachtungsbogen Tipp 6) oder
- als Lernergebnisdiagnose am Ende einer Unterrichtssequenz als Grundlage für die weitere Unterrichtsplanung.

Wollen Sie die Lernzielkontrolle oder Klassenarbeit als Grundlage für das Zeugnis nutzen, ist ein Balanceakt zwischen pädagogischen Ansprüchen und schulrechtlichen Vorgaben nötig.

Achtung!

Erkundigen Sie sich über die aktuellen schulrechtlichen Vorgaben in Ihrem Bundesland.
- Müssen Sie Klassenarbeiten ankündigen?
- Wie viele Klassenarbeiten dürfen in der Klasse in einer Woche geschrieben werden? Hier ist eventuell eine Terminabsprache mit Kolleginnen nötig oder ein im Lehrerzimmer aushängender Plan.
- Gibt es Zeiten, die von Klassenarbeiten frei zu halten sind?

Zur Auswahl der Aufgaben

Jede Arbeit soll Aufgaben mit unterschiedlichem Schwierigkeitsgrad enthalten:

*Anforderungsbereich I: Reproduzieren, z. B.: Grundwissen (Tipp 33, 42) wie einfache Aufgaben wie $5 \cdot 8 = ?$ und Routinetätigkeiten

❱ Tipp 33, 42

**Anforderungsbereich II: Zusammenhänge herstellen, z. B.: Zusammenhänge erkennen und nutzen bei Aufgaben mit Platzhalter wie $40 = ? \cdot 8$ (Tipp 21)

❱ Tipp 21

***Anforderungsbereich III: Verallgemeinern und Reflektieren, z. B.: „Schreibe eine Rechengeschichte zu $5 \cdot 8 = ?$" Dies erfordert komplexe Tätigkeiten wie Strukturieren, Entwickeln von Strategien, Beurteilen

Gerade im 1./2. Schuljahr lassen sich nicht immer geeignete ***-Aufgaben finden. Hier mögen auch **-Aufgaben genügen. Für die Bewertung gilt: Nur wer die **-/ ***-Aufgaben richtig lösen kann, kann Note 1 oder 2 erhalten.

Worauf ist weiterhin zu achten?

- Besonders im 3./4. Schuljahr ist die Kooperation mit den Kolleginnen beim Ausarbeiten und Bewerten hilfreich. Solche Parallelarbeiten können auch eine Argumentationshilfe bei Elternbeschwerden sein (Tipp 13).

❱ Tipp 13

- Gestalten Sie das Blatt übersichtlich und „luftig". Geben Sie es in zweifacher Form A und B aus. So können Nachbarkinder nicht abschreiben. Ferner kann ein wenig erfolgreiches Kind nach erneutem Erklären und Üben die andere Form noch einmal bearbeiten und hoffentlich so erfreut seinen Erfolg feststellen.
- Stellen Sie einen Lernzielbezug her. Nur, was im Unterricht gelernt wurde, darf abgefragt werden. Allerdings ist keine Beschränkung auf den Stoff der letzten Stunde nötig, früher Gelerntes wird vorausgesetzt. Umgekehrt wird nicht alles abgefragt, was gelernt wurde. Besser als eine Vielerleiabfrage ist die Konzentration auf Wichtiges. Der Elterneinwand „Das stand so nicht im Heft" ist mit dem Hinweis auf die Anforderungsstufen zu entkräften.

- Prüfen Sie kritisch sowohl eigene als auch übernommene Aufgaben. Ist die Aufgabe *eindeutig*? Offene Aufgaben sind schwierig zu bewerten. Problematisch sind auch Sachaufgaben ohne Frage. Füllen Sie selbst ein Aufgabenblatt aus oder noch besser: Lassen Sie es von einem „Nicht-Pädagogen" lösen, um Klippen auszumerzen. Legen Sie beim Ausarbeiten die erwartete Lösung fest.
- Beginnen Sie mit einer *einfachen „Eisbrecheraufgabe"* zum Grundwissen. Ordnen Sie dann die Aufgaben nach steigendem Schwierigkeitsgrad an. Da am Schluss die Leistungsfähigkeit der Kinder wieder nachlässt, schließen Sie wiederum mit einer leichten Aufgabe ab.
- Achten Sie auf eine *einfache Sprache:* Verwenden Sie keine den Kindern nicht geläufigen Wörter oder Abkürzungen (Tipp 16, 31).

❯ Tipp 16, 31

Achtung!

> Verzichten Sie auf ungünstige Aufgaben wie z. B.:
> - Zähle zur Hälfte von 18 7 dazu. → Die aneinanderstoßenden Zahlen verwirren. Besser: Finde die Hälfte von 18. Zähle zum Ergebnis 7 dazu.
> - Im Bus sitzen 45 Personen, 7 steigen aus. Wie viele Leute sind im Bus? → Besser: Zuerst saßen ..., dann stiegen ... Wie viele ... sind jetzt ...?

Am Beispiel für eine Klassenarbeit am Anfang 3. Schuljahr können Sie Umfang, Auswahl und Bepunktung von Aufgaben auf einem insgesamt mittleren Schwierigkeitsgrad sehen. Die Bepunktung von Reproduktionsaufgaben * ist bewusst niedrig. Denn Eltern können kaum nachvollziehen, wenn trotz einer hohen Punktzahl nicht die Note 1 oder 2 erreicht wird.

Das kann ich schon 1

Selbsteinschätzung

Wie kannst du die Aufgaben lösen? Male passend dazu: ☺ ☺ ☹

(1)

47 + 34 = ___	74 − 56 = ___	37 − 29 = ___
68 + 18 = ___	91 − 37 = ___	47 + 35 = ___

◯ ___ / 3

(2) Aufgabenniveau * und **
Rechne geschickt.

34 + 29 + 16 = ___	85 − 36 − 25 = ___	47 − 19 + 33 = ___
48 + 33 + 17 = ___	92 − 18 − 32 = ___	52 + 38 − 36 = ___

◯ ___ / 3

(3) Luise hat 16 schöne Muscheln gesammelt. Von Lukas bekommt sie die
doppelte Menge dazu.

jeweils erreichte
F: Wie viele Muscheln hat Luise nun? Punkte eintragen

R: _____

A: _____ ◯ ___ / 4

(4) Zähle in Dreierschritten bis 30.

3, 6, _____ ◯ ___ / 4

(5) Schreibe Aufgabe und Umkehraufgabe. Rechne.

8 · 6 = ___	7 · 4 = ___	10 · 5 = ___	9 · 3 = ___
___ : ___ = ___	___ : ___ = ___	___ : ___ = ___	___ : ___ = ___

◯ ___ / 6

(6)

9 · 5 = ___	3 · ___ = 12	48 : 6 = ___	___ : 2 = 12
7 · 7 = ___	5 · ___ = 35	50 : 10 = ___	___ : 9 = 6

◯ ___ / 4

(7) Wie viele Tage haben 6 Wochen?

R: _____

A: _____ ◯ ___ / 4

(8) Teilen mit Rest. Rechne.

28 : 3 = ___	52 : 10 = ___	17 : 6 = ___	86 : 9 = ___
58 : 6 = ___	23 : 3 = ___	35 : 4 = ___	10 : 3 = ___

◯ ___ / 4

Von 32 Punkten hast du ___ Punkte erreicht.
Übe bis zum _____ alle markierten Aufgaben.

(Aus: Schmidt 2015 b, 172)

Überprüfte Kompetenzen
- Zahlensätze des kleinen Einmaleins und deren Umkehrung automatisiert und flexibel anwenden
- Rechenstrategien nutzen
- Modellieren
- Mathematische Lösungen zu einer Sachsituation finden
- Informationen aus einem Text entnehmen

Vor Beginn der Arbeitszeit lesen Sie die Aufgaben vor und beantworten allgemeine Rückfragen der Kinder.
Beobachten Sie während der Arbeit die Kinder und notieren Sie verwendete Hilfsmittel, Arbeitszeit und Besonderheiten.
Werten Sie die Ergebnisse in einer Übersicht aus, z. B.:

Auswertung   Klasse: ...
Datum: ...
Lerninhalt: Rechenstrategien +/−, Einmaleins, Modellieren
Gesamtpunktzahl: ...   durchschnittliche Punktzahl: ...

Name	Aufgabe Nr.								Zeit + o −	Punkte insgesamt
	1	2	3	4	5	6	7	8		
A	M*									
B										
...										

M* Wenn das Kind Rechenmaterial verwendet hat, tragen Sie dies neben der Punktzahl bei der betreffenden Aufgabe ein.
Die Wortbedeutungen der Noten und die Anforderungsstufen (s. S. 127) zielen auf ein qualitatives Bewerten, über das auch die Eltern zu informieren sind.
- Note 6: weitgehendes Fehlen von Grundkenntnissen
- Note 5: lückenhafte Grundkenntnisse
- Note 4: Reproduktion von Grundkenntnissen
- Note 3: Reorganisation, selbstständiges Anwenden von Grundkenntnissen

■ Note 1 oder 2: Lösen von Denkaufgaben, weiterreichende Kompetenzen

Im Beispiel prüfen die Aufgaben 2, 3, 5 und 7 erweiterte Fähigkeiten (17 Punkte). Je nach dem Anteil der richtigen Lösungen sind hierfür die Noten 1, 2 oder 3 vorgesehen. Ab 15 und weniger Punkten werden die Noten 4, 5 oder 6 gegeben.

Achtung!

Klassenarbeiten sind in der Regel zwei Jahre aufzubewahren, d.h., Sie übergeben der nachfolgenden Kollegin einen Karton mit den gesammelten Arbeiten. Erkundigen Sie sich nach den Vorschriften in Ihrem Bundesland.

Klassenarbeiten effizient verbessern

Im Auswertungsbogen erkennen Sie die häufigsten Fehler. Besprechen Sie diese gemeinsam, jedoch nur mit den betroffenen Kindern.

Im Anschluss verbessern alle ihre Fehler und schreiben die richtigen Aufgaben ins Heft. Dabei können die Kinder Ihnen oder guten Rechnern (die nichts oder nur wenig zu verbessern haben) Fragen stellen, um ihre(n) Fehler zu verstehen (Tipp 10).

❯ Tipp 10

SOS-Tipp

Um die Metareflexion bei den Kindern anzuregen, schreiben sie unter ihre Verbesserung im Heft diesen Satz und ergänzen ihn: „Über diesen Fehler habe ich mich geärgert: ...“

ZEUGNIS SCHREIBEN

Kennen Sie das? Seit über einer Stunde arbeite ich schon an demselben Bericht, bemühe ich mich, Sätze zu formulieren, die einfach keine Form annehmen wollen, Beobachtungen aufzulisten, deren Richtigkeit ich plötzlich anzweifle, Emp-

98

fehlungen zu geben, die vielleicht niemandem eine Hilfe sein können.

Schriftliche Beurteilungen fürs Zeugnis zu schreiben ist mühselig und langwierig (pro Kind mehrere Stunden). Grundlage sind die Arbeitsproben der Kinder, ihre Klassen-

❯ Tipp 10 arbeiten, freiwillige Zusatzaufgaben, Hefte (Tipp 10), Ordner
❯ Tipp 6 und Beobachtungsbögen (Tipp 6).

Im Internet und in den Lehrerhandbüchern finden Sie zwar zahlreiche Formulierungshilfen und Textbausteine, doch auch diese sind immer wieder kritisch daraufhin zu überprüfen:

- Sind sie auch für bildungsferne Eltern verständlich?
- Sind sie für die nachfolgenden Lehrerinnen aussagekräftig?
- Werden schlechte Leistungen zwar benannt, ohne jedoch zu diskriminieren?

Einige Beispiele zeigen die Problematik:

- NN konnte bekannte Aufgaben im vorgegebenen Zeitrahmen lösen. → Für Eltern mag dies wie Note 1 oder 2 klingen, während es tatsächlich eher eine 3 ist. Denn: Es ist ein Ziel der Lehrpläne, Erlerntes auch in unbekannten Zusammenhängen anzuwenden.
- Auch hier lesen Eltern eine bessere als nur ausreichende Leistung heraus: NN rechnete im Zahlenraum bis 100 sicher mit Hilfsmitteln. → Das Kind sollte ohne Hilfsmittel rechnen können.
- NN löste Aufgaben im Zahlenraum bis 100 sicher, hatte aber beim Überschreiten des Zehners noch Probleme. → Das Kind kann nur einen Teil der geforderten Aufgaben lösen.

SOS-Tipp

Eine knappe, aber informationsreiche Schreibweise ist nicht nur beim Zeugnisschreiben wichtig, sondern auch bei Elternbriefen, Protokollen ...

Gute Tipps dazu finden Sie in den Werken des renommierten Leiters der Hamburger Journalistenschule *Wolf Schneider*:

- Deutsch fürs Leben. Was die Schule zu lehren vergaß. Reinbek bei Hamburg, 1994, 21. Aufl. 2013.
- Deutsch! Das Handbuch für attraktive Texte. Reinbek bei Hamburg, 2005.
- Deutsch für junge Profis. Wie man gut und lebendig schreibt. Berlin, 2010.

RÜCKBLICK AM SCHULJAHRESENDE

99

Achtung!

Wenn das Grundwissen noch nicht bei allen Kindern gesichert sein sollte, setzen Sie einen letzten Intensivkurs dazu an.

Rückblick auf Gelerntes

Für die anderen Kinder gibt es eine Fülle von guten Aufgaben (Tipp 52):

❯ Tipp 52

- Jede Gruppe gestaltet zu einem anderen Lerninhalt ein Plakat: Das haben wir gelernt.
- Rückblick auf das Schuljahr, z.B.: Rechne mit diesen Zahlen: Ein Schuljahr hat rund 40 Wochen, das sind rund 200 Schultage.

2. Schuljahr: Wie lang ist der Weg vom Schultor bis zu deinem Klassenzimmer? Wie lang ist dieser Weg an einem Tag, in einer Schulwoche? *3. Schuljahr:* Wie lang ist dieser Weg in einem Schuljahr? *4. Schuljahr:* ... in allen 4 Grundschuljahren? *2. Schuljahr:* Wie viele Stufen hat die Treppe bis zu deinem Klassenzimmer? Wie oft läufst du an einem Tag mindestens hoch? Wie viele Stufen bist du dann an einem Tag hinaufgelaufen? *3. Schuljahr:* Wie hoch und wie breit ist jede Stufe? Wie lang ist der Treppenweg an einem Tag, in einer Schulwoche ... *4. Schuljahr:* ... in allen 4 Grundschuljahren? *3./4. Schuljahr:* Wie viele Wochen, Tage bist du bisher in die Schule gegangen?

Weg vom Schultor bis zum Klassenzimmer

3. Schuljahr: In einer Woche hast du 5 Mathestunden zu je 45 Minuten. Wie viele Stunden sind das in einem Schuljahr, in deiner bisherigen Schulzeit? *4. Schuljahr:* Wie viele Zeitstunden zu je 60 Minuten sind das? Wie viele Tage wären das, wenn du jeden Tag 10 Zeitstunden Mathe gehabt hättest?

„Mein Mathe-Ferienheft"

Nicht nur vor den Sommerferien, sondern auch vor den Weihnachts- und Osterferien erhalten die Kinder einige zusammengeheftete Arbeitsblätter mit wiederholenden Aufgaben – aber auch Knobelaufgaben – aus der Arithmetik, Geometrie und dem Sachrechnen mit Selbstkontrolle. Das Bearbeiten ist freiwillig, doch niemand soll sagen: Mir war in den Ferien so langweilig. Wer keine Zeit zum Lösen hatte, hat im neuen Schuljahr anfangs gleich ein gutes Polster mit Zusatzaufgaben (Tipp 7) oder für die Freiarbeit.

> Tipp 7

Materialliste ausgeben

Erstellen Sie in Absprache mit den Kolleginnen eine Materialliste für das nächste Schuljahr. So können sowohl Sie als auch die Eltern besser planen. Die Eltern kommen nicht in Zeitdruck und können die Ausgaben besser verteilen (Tipp 2).

> Tipp 2

Bilanz ziehen

> Tipp 55

Mit den ausgewerteten Feedbackbögen (Tipp 55) können Sie gut einschätzen, wie die Klasse ihre Arbeit sieht. Lassen Sie dann das Schuljahr noch einmal an sich vorbeiziehen und schreiben Sie konkret auf:

1. Was ist Ihnen gut gelungen? Was machen Sie im nächsten Jahr wieder so?
2. Was war ein Flop?
3. Worüber sollten Sie sich noch besser informieren?
   Denken Sie so lange nach, bis bei 1 mindestens ebenso viele Items stehen wie bei 2 und 3 zusammen.

Die Verweise beziehen sich auf die jeweiligen Tipp-Nummern.

LITERATURHINWEISE

Leuders, Juliane / Philipp, Kathleen (Hrsg.) (2015): Fachdidaktik für die Grundschule – Mathematik. Berlin.

Demirel, Ümmü (2014): eins zwei drei Mathematik-Lehrwerk für Kinder mit Sprachförderbedarf. Berlin.

Gerlach, Maria / Fritz, Annemarie / Ricken, Gabriele / Schmidt, Siegbert (2008): Trainingsprogramm Kalkulie. Förderbaustein 1 und Förderbaustein 2. Berlin.

Liebendörfer, Micha (2014): 99 Tipps für Mathematik – Sekundarstufe I + II. Berlin.

Nowey-Fath, Erwine / Süssmair-Kölbl, Rosmarie (2014): 99 Tipps für die Grundschule: Anfangsunterricht. Berlin.

Regelein, Silvia (2013): Richtig rechnen lernen – so klappt's! Arbeitsblätter für ein gezieltes Rechentraining – 1. Klasse. Augsburg.

Regelein, Silvia (2013): Richtig rechnen lernen – so klappt's! Arbeitsblätter für ein gezieltes Rechentraining – 2. Klasse. Augsburg.

Regelein, Silvia (2012): Richtig rechnen lernen – so klappt's! Arbeitsblätter für ein gezieltes Rechentraining – 3. Klasse. Augsburg.

Regelein, Silvia (2012): Richtig rechnen lernen – so klappt's! Arbeitsblätter für ein gezieltes Rechentraining – 4. Klasse. Augsburg.

Regelein, Silvia (2013): Richtig Geometrie lernen – so klappt's! Arbeitsblätter für ein gezieltes Geometrietraining – 1./2. Klasse. Augsburg.

Regelein, Silvia (2012): Richtig Geometrie lernen – so klappt's! Arbeitsblätter für ein gezieltes Geometrietraining – 3./4. Klasse. Augsburg.

Regelein, Silvia (2015): Sachrechnen – Klasse 3 und 4. Hamburg.

Regelein, Silvia (2015): Sachrechnen: Ich und mein Körper. Hamburg.

Roth, Jürgen (2012): Geometrische Körper – Erkennen und Sortieren als Grundlage der Begriffsbildung. In: Fördermagazin, Heft 2.

Schipper, Wilhelm (2005): Rechenstörungen als schulische Herausforderung. Basispapier zum Modul G 4: Lernschwierigkeiten erkennen – verständnisvolles Lernen fördern. Kiel: IPN. www.sinus-grundschule.de (letzter Zugriff am 17.01.2016)

Schipper, Wilhelm (2008) in: www.lisum.berlin-brandenburg.de → Rechenstörungen als schulische Herausforderung. Handreichung zur Förderung von Kindern mit besonderen Schwierigkeiten beim Rechnen (letzter Zugriff am 18.01.2016)

Schipper, Wilhelm (2009): Handbuch für den Mathematikunterricht an Grundschulen. Braunschweig.

Schmassmann, Margret / Diener, Marion (2014): Wie viele Punkte hat das Hunderterfeld? In: Grundschulmagazin, Heft 1, 7–13

Schmidt, Johanna (2015 a) (Hrsg.): Mein Mathebuch. Berlin.

Schmidt, Johanna (2015 b) (Hrsg.): Mein Mathebuch. Materialien für Lehrerinnen und Lehrer. Berlin.

Miriam Stiehler (2009): Mit Legosteinen Rechnen lernen. Göttingen.

Wartha, Sebastian / Schulz, Axel (2012): Rechenproblemen vorbeugen. Grundvorstellungen aufbauen: Zahlen und Rechnen bis 100. Berlin.

Wollring, Bernd (2016): Raumvorstellung fördern mit Rekonstruktions-Dialogen. In: Grundschulmagazin, Heft 1.

Wörler, Jan (2011): Mathematische Detektive untersuchen Kunstwerke. In: Fördermagazin, Heft 02.